Christoph Tschaikner

Das Christkind kommt!

lœwenzahn

 Bibliografische Information Der Deutschen Bibliothek: Die Deutsche Bibliothek verzeichnet diese Publikation in der Deutschen Nationalbibliografie; detaillierte bibliografische Daten sind im Internet über <http://dnb.ddb.de> abrufbar. // ISBN 978-3-7066-2431-2 // Layout & Satz: Christine Petschauer // Umschlag: Stefan Rasberger // Illustrator: Helmut Kasper // // Gedruckt auf umweltfreundlichem, chlor- und säurefrei gebleichtem Papier.

Christoph Tschaikner

Das Christkind kommt!

Besinnliche Weihnachtsvorbereitung
für Groß und Klein

lœwenzahn
innsbruck–bozen

Inhaltsverzeichnis

Einleitung

Es ist nicht lange her, da lebte ein großer Teil der Bevölkerung von der Landwirtschaft. Im Herbst brachte man die Ernte ein und machte sie bis zur nächsten haltbar. Die Häuser wurden winterfest gemacht. Man hielt sich in der warmen Stube auf und fand Zeit für vieles, wozu während des Jahres wenig Gelegenheit war. Man kam dazu nachzudenken. Die Seele durfte einfach einmal baumeln. Es war auch mehr Zeit für die Familie. Man redete und erzählte. Es wurde auch gemeinsam gestrickt, gehäkelt, gewebt, gehandwerkt, gebastelt, gebacken, gemalt, gezeichnet, gedichtet, gesungen, musiziert und komponiert. All das gehörte untrennbar zur stillsten Zeit im Jahr. Der Rhythmus der Natur half den Menschen, zumindest einmal im Jahr den sprichwörtlichen Fuß vom Gas zu nehmen. Es half, in weihnachtliche Stimmung zu kommen. Jeder freute sich auf das größte Geburtstagsfest im Jahr und begann mit den Vorbereitungen. Am Weihnachtsabend waren dann alle weihnachtlich gestimmt und das wohlvorbereitete Fest hatte beste Chancen, ein besonders schönes und erfülltes zu werden. Das Geburtstagskind, mit dem man sich schon im Advent immer wieder beschäftigt hatte, stand ganz selbstverständlich im Mittelpunkt.

Der Verein Pro-Christkind

Heute stecken wir in einem gesellschaftlichen Getriebe, das es uns schwer macht, der Hektik zu entfliehen und die wichtige stille Zeit im Jahr zu finden. Der Verein Pro-Christkind engagiert sich deshalb seit zehn Jahren dafür, dass der Advent Advent bleibt und das Christkind bei seinem Geburtstagsfest im Mittelpunkt steht. Vor zwei Jahren wurde damit begonnen, Botschaften in den Bundesländern zu gründen. Bisher gibt es eine Botschaft in Graz, Innsbruck, Salzburg und Wien. Jeder ist eingeladen, sich ebenfalls fürs Christkind zu engagieren – im eigenen Kreis, als förderndes Mitglied, als Kooperationspartner oder auch als Mitarbeiter einer Botschaft.

Dieser Ratgeber zur besinnlichen Vorbereitung auf Weihnachten

... gibt Anstöße, Anregungen und Anleitungen, wie Sie sich und Ihr Umfeld bewusst auf Weihnachten vorbereiten und einstimmen können. Er stellt Bräuche vor und Aktionen, die Bräuche werden könnten. Er erklärt Hintergründe und gibt Tipps, was man selber machen bzw. wo man Advent und Weihnacht erleben kann – damit am Heiligen Abend wirklich „das Christkind kommt".

Wenn Sie einen guten Tipp zum Selbermachen oder für ein weihnachtliches Erlebnis haben, mailen Sie ihn an verein@pro-christkind.at.

Die Natur – ein Fundus für Weihnachtsbasteleien

Gemeinsame Spaziergänge, bei welchen Material für Weihnachtsbasteleien gesammelt wird, sorgen schon im Herbst für Vorfreude auf Weihnachten.

In der Natur findet sich vieles für Weihnachtsbasteleien.

Wandert man im Herbst mit offenen Augen durch Wald und Wiesen, findet man allerhand, das sich wunderbar eignet, den Adventkranz oder die Wohnung weihnachtlich zu dekorieren, eine Krippe zu bauen oder Christbaumschmuck zu basteln: Rindenstücke, Disteln, Flechten, Zapfen, Wurzeln, abgewitterte Holzstücke u. v. m. Die Spaziergänge tun gut. Das Sammeln motiviert Kinder dazu und weckt schon im Herbst ihre Vorfreude auf Christkinds Geburtstag.

Lichter fürs Christkind – Zeichen für besinnliche Weihnachten

Die Aktion „Lichter fürs Christkind" rückt unmittelbar vor der Weihnachtszeit das Geburtstagskind in den Mittelpunkt.

Sie finden auch, dass ein Geburtstagsfest ohne Geburtstagskind keinen Sinn macht? Leider ist das heute nicht mehr selbstverständlich. Deshalb erinnert der Verein Pro-Christkind Jahr für Jahr daran, das Christkind und all das, was es uns mitgebracht hat, im Advent und beim Weihnachtsfest in den Mittelpunkt zu rücken.

Mit Christkind-Anhänger, -Tattoos und Silikonband kann man sich als Christkind-Fan outen.

Jedes Jahr sollen mehr Sterne für das Christkind brennen. Alle sind eingeladen, auch einen zu entzünden.

PLAN

Schon seit mehreren Jahren wird im Nordpark, hoch oberhalb von Innsbruck, der markante Christkind-Weihnachtsstern aus 1000 Fackeln entzündet. 2006 erstrahlte dieser Stern erstmals auch bei der Annasäule in der Innsbrucker Maria-Theresien-Straße und auf der Grazer Hauptbrücke über die Mur, die bezeichnenderweise das moderne Wahrzeichen Kunsthaus mit dem historischen Franziskanerviertel verbindet. Eigens fürs Christkind wurde sie für den Verkehr gesperrt. Fußballer, Fans und Funktionäre von Sturm Graz und GAK hielten die Fackeln in der Hand. 2007 kam noch ein Stern vor der Kollegienkirche in Salzburg hinzu, der wie der neuerlich entzündete Stern in der Innsbrucker Maria-Theresien-Straße von einem Chor umrahmt wurde.

Alle, denen es auch ein Anliegen ist, dass wir Weihnachten mit dem Christkind feiern, sind eingeladen, am Vorabend des ersten Adventsonntags auch einen solchen Stern zu entzünden. Spezielle Windlichter, eine Anleitung zur Konstruktion, zur Organisation und Finanzierung gibt's unter www.pro-christkind.at.

Dort gibt es auch Christkind-Fan-Sackerl sowie coole Kleber, Ketterlanhänger, Tattoos und Silikonbänder, mit denen man sich als Christkind-Fan outen kann.

Advent – Vorbereitungszeit auf Weihnachten

Advent ist die Vorbereitungszeit aufs Geburtstagsfest für das Christkind.

Das lateinische Wort Adventus bedeutete die Ankunft von Königen und Kaisern. Die Christen übernahmen diesen Begriff für Christkinds Geburt. Die vier Adventsonntage stehen symbolisch für die 4000 Jahre, die die Menschen nach kirchlicher Rechnung darauf gewartet haben. Mit dem ersten Adventsonntag beginnt zwischen 27. November und 3. Dezember ein neues Kirchenjahr und die Vorbereitung auf die Ankunft des Christkindes.

Vieles von Advent und Weihnachten wird schon Wochen vorweggenommen. Andererseits lässt uns der Stress gern den Einsatz verpassen. Begehen wir deshalb den Adventbeginn ganz bewusst. Das erste Mal den Adventkranz anzuzünden ist etwas Besonderes. Nehmen Sie sich Zeit, um diesen Moment feierlich zu gestalten.

Der Advent ist die Vorbereitungszeit auf den Geburtstag des Christkindes. Überlegen wir uns, was zu den Vorbereitungen auf einen Geburtstag alles gehört. Was könnten wir dem Christkind schenken?

Anregungen gibt auch in den Kapiteln (→ Adventkranz), (→ Lichter fürs Christkind) und (→ Adventkalender).

Denken Sie nach, ob es Leute gibt, die man zu einem „Bratwürstlessen“ – wie es in manchen Orten Oberöstereichs üblich ist – am ersten Advent einladen könnte.

Ausklinken aus dem Vorweihnachts-stress – ein neuer Brauch

Immer mehr Menschen nehmen sich bewusst Freizeit oder Urlaub, um sich in Ruhe auf Weihnachten einzustimmen.

Von der einst stillsten Zeit im Jahr ist nur mehr wenig übrig geblieben. Geschenkekaufen, Weihnachtsfeiern schon ab November. Alle möglichen Arbeiten wollen noch im alten Jahr abgeschlossen werden ... Es gibt aber auch Rückzugsmöglichkeiten und -bereiche, wo man die Advent- und Weihnachtszeit ohne Hektik erleben kann: in der Familie und mit Freunden, bei einem guten Buch, bei einem Winterspaziergang – an vielen Orten, wo im Kleinen und mit Liebe Gemeinsamkeit und Brauchtum gepflegt werden. Immer mehr Menschen, die die Möglichkeit haben, versuchen sich ganz oder zeitweise aus dem Weihnachtsstress auszuklinken. Sie nehmen sich bewusst Freizeit für Familie oder sich selbst. Sie nehmen sich Urlaub und fahren in eine Gemeinde oder eine Region, die sich einem besinnlichen Advent verschrieben hat.

Advent- und Weihnachts-Urlaub:

★ **Das ApfelLand-Stubenbergsee** lockt Anfang Advent mit dem Bratapfelzauber (→ Apfelbraten). Bis Weihnachten öffnet ein romantischer kleiner Adventmarkt in der Tierwelt Schloss Herberstein. Die Marktgemeinde Anger steht ganz im Zeichen des Christkindes. Die stillste Zeit im Jahr unterstreichen in den Gassen hohe, dicke „Weihnachtskerzen", die jeden Tag ein anderer Bürger entzündet und am späten Abend wieder auslöscht – in Anlehnung an die traditionellen Nachtwächter. Außerdem werden 2008 erstmals

Das Mariazellerland ist eine der Urlaubs- und Ausflugsregionen, in der man die Advent- und Weihnachtszeit authentisch erleben kann. Foto: Mariazellerland

schwebende Engel in den Geschäften, auf den Straßen, vom Kirchturm, ... bis zum Stubenbergsee hinunter Advent und Weihnachten verkünden.

★ **Christkindlstadt Steyr:** Was gibt es Schöneres, als einen vorweihnachtlichen Besuch im Wallfahrtsort, in dem das „Christkindl" wohnt und sogar ein eigenes Postamt hat? Zu den Wochenenden begrüßt das Steyrer Christkindl persönlich die Gäste! Bei der Schmiedeweihnacht zeigen Schmiede der Region am historischen Stadtplatz ihre Kunst. Steyr lädt außerdem ins 1. Österreichische Weihnachtsmuseum mit der größten Privatsammlung historischen Christbaumschmucks.

- **Advent, sou wia's früahrer wor:** In der Thermen- und Kurregion Bad Gleichenberg hat man die Herausforderung zur Langsamkeit und Entschleunigung angenommen und ist ganz bewusst einen Schritt zurückgegangen. Kein Lichtermeer, kein Glitzern, kein Funkeln ist wichtig. Auf elektrische Beleuchtung und auf den Ausschank von Alkohol wird verzichtet. Vielmehr erhellt wärmender Kerzenschein die nachdenklich stimmende Dunkelheit.
- **Der Mariazeller Advent** lässt verloren geglaubte Sehnsüchte Wirklichkeit werden: Ausschließlich authentische Elemente weihnachtlicher Bräuche und regionale Kostbarkeiten verzaubern große und kleine Besucher. Zu Füßen der 850 Jahre alten Basilika erstreckt sich der geschmackvolle Adventmarkt. Ein Blickfang ist auch der weltgrößte hängende Adventkranz. In einem fünf Meter hohen Haus aus echtem Honiglebkuchen ist das Engerlpostamt eingerichtet. Auch die Anreise mit der historischen Mariazellerbahn, eine Fahrt mit der Seilbahn auf die verschneite Bürgeralpe oder eine romantische Kutschenfahrt durch die winterliche Bergwelt lassen den Mariazeller Advent zu einem unvergesslichen Erlebnis werden.
- Den **Rattenberger Advent** in der Ferienregion Alpbachtal Seenland machen Besinnlichkeit, Brauchtum und ursprüngliche Werte in mittelalterlicher Kulisse zu einem besonderen Ereignis. Österreichs kleinste Stadt erstrahlt ausschließlich in natürlichem Licht und die Besucher können sich bei den vielen Feuerstellen ihre Hände wärmen. Ein urtümliches Feuererlebnis jeden Adventsamstag ist in ein engagiertes Kulturprogramm eingebettet, das sich durch künstlerische Vielfalt, Qualität und leise Töne auszeichnet: traditionelle Handwerkskunst, das Kinderprogramm „Sternenpfad“ etc. Auf Verkaufsstände wird verzichtet. Es gibt nur schmackhaften Rattenberger Adventwein und weihnachtliche Spezialitäten aus Tirol.
- Weitere auf www.pro-christkind.at

Krippe – Szenen aus der Weihnachtsgeschichte

Kaum ein Brauch vermittelt uns das freudige Ereignis, das wir zu Weihnachten feiern, besser als Krippen.

Krippen finden wieder mehr Verbreitung – in ländlichen Stuben, in urbanen Wohnzimmern und vor allem auch an öffentlichen Orten. Krippenstraßen, Krippenpfade und -ausstellungen stehen für das Bemühen um authentische Weihnachten. Familienkrippen werden liebevoll gepflegt. Auch Krippenbaukurse erfreuen sich regen Zulaufs.

Krippen stellen eine, mehrere oder alle wesentlichen Szenen aus Jesus' Leben dar, vor allem seine Geburt. Die meisten zeigen die Landschaft rund um Christkinds Geburtsort Bethlehem. Es gibt aber auch viele Krippen, die in einen landestypischen Kontext gestellt werden, wie alpine Krippen. Einige sind sogar mit Schnee bedeckt. Es gibt auch Krippen, die sich der modernen abstrakten Kunst verschrieben haben.

Krippenpfad in Imst. Foto: TVB Imst-Gurgltal

Bauen Sie Ihre Krippe schon im Advent auf und lassen Sie die Figuren Tag für Tag der Geburtsszene näherrücken. Das Christkind kommt dann bei der Bescherung in die Krippe. Die Drei Könige treffen am Dreikönigstag ein.

Erzählen Sie Ihren Kindern die Weihnachtgeschichte und lassen Sie sie Jahr für Jahr eine Krippe malen, die Sie auf der Rückseite datieren, sammeln und gut aufbewahren.

Bauen wir eine eigene Krippe. Anleitungen dazu finden sich z. B. im Buch „Die schönsten Krippen bauen“ von Günther Reinalter, erschienen im Löwenzahn Verlag. Besonders viel Spaß macht es, die Krippe mit anderen gemeinsam in einem Kurs zu bauen. Infos zum nächsten Krippenverein geben u. a. die Landeskrippenverbände.

Anleitungen zum Schnitzen von Krippenfiguren erhalten Sie u. a. im Buch „Krippenfiguren schnitzen“, erschienen im Berenkamp-Verlag.

Schauen Sie sich bei Adventausflügen Krippen an. Bereiten Sie sich darauf vor und erklären Sie Ihren Lieben die Krippen. So machen sie noch mehr Freude.

Krippen gab es schon im Frühchristentum, wobei diese nur das Christkind in der Krippe mit Ochs und Esel zeigten. Maria und Josef kamen erst im Mittelalter hinzu. Hingegen gab es bereits um das Jahr 500 Darstellungen, wie die Drei Könige dem Kind in der Krippe ihre Geschenke darbringen. In Zeiten, in denen das gegenseitige Beschenken zu Weihnachten noch nicht üblich war, legten Gläubige Geschenke für Bedürftige vor der Kirchenkrippe nieder.

Mit jüngeren Kindern eine Krippe basteln

Für kleinere Kinder gibt es auf www.pro-christkind.at Vorlagen, um eine einfache Krippe aus Karton zu basteln. Dafür braucht man:

Fotokarton und dickeren Karton, Kugeln aus Watte, Styropor oder Holz, eine Walnussschale, Engelshaar oder Wolle, Kleber, Schere, Filzstifte oder Buntstifte

Man druckt alle Vorlagen auf Fotokarton aus. Dann werden sie angemalt. Man schneidet die Teile aus und klebt die Figuren am Rücken so zusammen, dass die Kugel oben bequem Platz hat. Auf die Kugel klebt man dann das Engelshaar oder die Wolle und malt ein Gesicht. Dann setzt man die Köpfe auf die Körper. Für die Krippe mit dem Christkind eine kleine Kugel bemalen und an ein Ende der Nussschale kleben. Den Rest der Schale mit einem kleinen Stoffrest füllen. Unten ein kleines Stück Karton als Standfläche ankleben. Die Vorlage für die Standfläche der kompletten Krippe wird auf einen dicken Karton aufgezogen, auf den man an der vorgesehenen Stelle den Krippenstall klebt. Nun die Krippenfiguren nett aufstellen und fertig ist die Krippe.

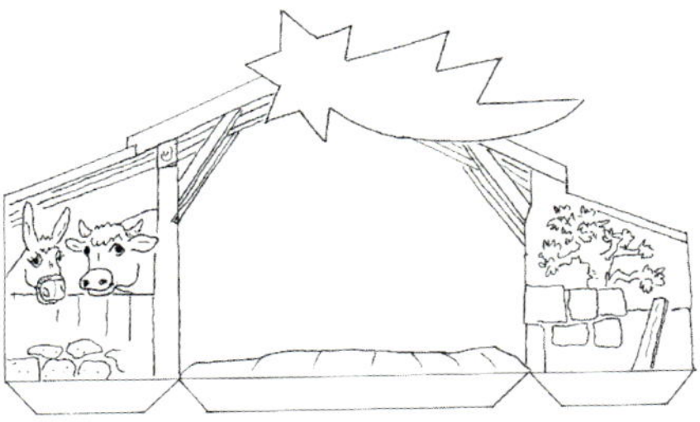

Krippenteile zum Anmalen und Ausschneiden (im Originalformat zum Downloaden auf www.pro-christkind.at).

Einige sehenswerte Krippen:

- Im Rahmen des Garstner Advents und bei einigen Krippenausstellungen rund um die Christkindlstadt Steyr sind regionstypische **alte Nagelschmiedkrippen** zu sehen, z. B. im Pfarrhof St. Michael.
- Mit einem Adventbegleiter kann man die vier **einzigartigen Krippen des Wallfahrtsortes** Mariazell entdecken: Die mechanische Krippe am Kalvarienberg, das Krippenzimmer im Heimathaus, die lebende Krippe mit Ochs und Esel und – als Höhepunkt – die alte Mariazeller Barock-Krippe in den Turmkammern der Basilika.
- Der Wallfahrtsort Christkindl in Steyr bietet eine **mechanische Krippe mit 300 bewegten Figuren** und die **Pöttmesser Krippe, mit 58 m² und 778 Figuren** eine der größten Krippen der Welt.
- Im bayerischen Ellzee und Ochsenbrunn sind **Großkrippen** mit mehreren Szenen zu bewundern.
- Das Steyrer Kripperl ist **eines der letzten noch bespielten Stabpuppentheater** im deutschen Sprachraum.
- In Imst sind am **„Krippenpfad“** zwischen Pfarr- und Johanneskirche rund 20 verschiedene Krippen aufgebaut.
- Das **Salzkammergut** und die **Region um den steirischen Erzberg** sind bekannt für besonders umfangreiche Krippen. Krippenschnitzer waren insbesondere die Bergknappen. In Eisenerz ist für Interessierte eine Krippenschau eingerichtet. In Bad Ischl gehen die Besucher mit einer Kutsche auf „Kripperlroas“. In Ebensee können die Krippen mit einer Adressliste von Haus zu Haus besichtigt werden.
- **Viele 100 Krippen aus aller Welt** sind jährlich in den Schaufenstern der Linzer Innenstadt zu sehen.
- Krippenfiguren Egger in den Nagelschmiedhäusern in Rattenberg ist einer der größten Händler von **Krippenfiguren**.

Das Steyrer Kripperl ist eines der letzten noch bespielten Stabpuppentheater, mit denen man früher von Gasthaus zu Gasthaus zog. Foto: Christkindlstadt Steyr

- Rund um Innsbruck gibt es **einige Dörfer mit großer Krippentradition**. Thaur wird als „Krippendorf" bezeichnet. Die älteste erhaltene Dorfkrippe Tirols findet sich im Ort. Die Krippenbautradition reicht ins 17. Jahrhundert zurück.
- Eine **große Krippensammlung** ist im Diözesanmuseum in Brixen zu sehen.
- In **Salzburg** bildet die Krippe in der Michaelskirche das Stift St. Peter nach. Eine orientalische Krippe steht in der Stiegenkapelle im Aufgang zur Müllner Kirche. Die Krippe im Salzburger Dom zeigt die Stadt samt der Festung.
- Die Stadtpfarrkirche Leoben nennt eine besonders schöne Krippe aus dem 17. Jahrhundert ihr Eigen. Der **„Vergeltsgott"** zeigt durch die Intensität seines Nickens an, wie angemessen die Spende war, die man in den Kasten warf.
- Weitere auf www.pro-christkind.at

Adventkranz – jeden Tag bewusst erleben

Der Adventkranz ist ein schöner Aufhänger, im Kreise der Familie jeden Adventtag ganz bewusst zu erleben.

Der Adventkranz ist eine Erfindung von Johann Hinrich Wichern. Der Hamburger Erzieher und Theologe kümmerte sich um arme Kinder, die er in einem alten Bauernhaus betreute. Um ihnen zu zeigen, wie viele Tage noch bis Weihnachten fehlen, baute er aus einem alten Wagenrad den ersten Holzkranz mit 19 kleinen roten und vier großen weißen Kerzen, von denen die Kinder an jedem Wochentag, vom 1. Dezember an, eine rote und an den Adventsonntagen eine große weiße anzünden durften. Daraus entwickelte sich der Adventkranz mit vier Kerzen.

Seit ca. 1860 wird der Adventkranz mit Zweigen geschmückt. In Österreich hielt er erst ab 1930 Einzug. So richtig der Durchbruch soll ihm erst gelungen sein, als im Zweiten Weltkrieg deutsche Landser gemeinsam mit ihren

So hat der erste Adventkranz von Johann Hinrich Wichern ausgesehen. Zeichnung: Rauhes Haus

österreichischen Kameraden in Schützengräben einen Adventkranz anzündeten. Er besteht aus Tannen- oder Fichtenreisig und hängt an roten oder violetten Bändern vom ersten Advent bis Heilig Abend über dem Tisch oder steht auf demselben. Mancherorts ist es üblich, die Kerzen des Adventkranzes am 24. Dezember das letzte Mal gemeinsam mit den Kerzen des Weihnachtsbaumes anzuzünden.

Bei vielen wird er nicht so rund und füllig wie vom Gärtner und Floristen, aber am meisten Freude macht doch ein selbst gebundener Adventkranz. Und es ist gar nicht so viel dahinter: Aus Lianen (manchem aus der Jugend auch als „Waldtschigg“ bekannt) formt man je nach gewünschter Größe des Kranzes einen Ring, den man mit Draht fixiert. Dann werden nach und nach kleine Büschel von Zweigen mit Draht um den Ring gewickelt, bis er nicht mehr zu sehen ist. Je 2 mit einer Kerze erhitzte Drahtstifte werden in die Kerzen gesteckt, die Kerzen auf den Kranz gesteckt und die Drähte unten verschränkt. Der Kranz kann anschließend noch mit Schleifen, Zapfen, Trockenblumen usw. verziert werden. Die Kerze, die am dritten Adventsonntag „Gaudete“ das erste Mal angezündet wird, hat übrigens eine andere Farbe als die anderen Kerzen. Besondere Freude macht das Adventkranzbinden in der Gruppe, wie es mancherorts angeboten wird. Eine genaue bebilderte Anleitung zum Binden und zur Organisation eines gemeinsamen Adventkranzbindens in Ihrem Umfeld finden Sie auf www.pro-christkind.at.

Die größten Adventkränze:

- ★ Der größte Adventkranz der Welt befindet sich in **Dortmund**. Er hat zehn Meter hohe Kerzen, die mit 210 Tannenbäumen verbunden sind.
- ★ Der größte Adventkranz Österreichs schwimmt bei **Velden** im Wörthersee.
- ★ Der weltweit größte hängende Adventkranz ziert den Hauptplatz von **Mariazell**. Er hat zwölf Meter Durchmesser, wiegt sechs Tonnen und ist mit vier großen und 20 kleineren Kerzen geschmückt. Täglich wird eine Kerze entzündet, das feierliche Entzünden der großen Adventkranzkerze findet jeden Adventsamstag Abend statt.
- ★ Im Kurpark von **Bad Gleichenberg** gibt es einen vier Meter großen Adventkranz zu bewundern. Zum Adventbeginn wird feierlich die erste Kerze entzündet.

Der größte hängende Adventkranz am Hauptplatz von Mariazell. Im Hintergrund ein lebendiger Adventkalender. Foto: Mariazellerland

Adventkalender – ein Fenster in jeden Adventtag

Der Adventkalender kann ein Haus mit vielen Schaufenstern in den Advent sein, das täglich ein neues Erlebnis erschließt.

Die ersten Adventkalender, die im 19. Jahrhundert im protestantischen Raum auftauchten, waren vor allem Hilfen, die Tage bis Weihnachten zu zählen. Es wurden 24 Kreidestriche an die Tür gemalt, die die Kinder löschen durften, nach und nach 24 Bilder an die Wand gehängt oder 24 Strohhalme in die Krippe gelegt. Den ersten gedruckten Adventkalender brachte Anfang des vergangenen Jahrhunderts Gerhard Lang 1908 auf den Markt. Er bestand aus einem Bogen mit 24 Bildern zum Ausschneiden und einem Bogen mit 24 Feldern zum Auf-

Einer der ältesten Adventkalender: 24 Kreidestriche, die sukzessive gelöscht werden.

kleben. Lang kam auf diese Idee, weil er von seiner Mutter 24 Gebäckstücke auf einen Karton genäht bekam, die er nach und nach aufessen durfte. Seit 1920 gibt es Adventkalender mit zu öffnenden Türen. Lang stellte auch schon eine Art Schokolade-Adventkalender her, das „Christkindleinshaus zum Füllen mit Schokolade". Bis in die 1930er-Jahre hinein genoss die Lithographische Anstalt Reichold & Lang den Ruf, die kunst- und phantasievollsten Adventkalender zu produzieren.

Die schönsten Kalender sind jene, die Erwachsene für Kinder oder mit Kindern basteln.

Ihren Reiz hat auch die Rückkehr zu den Wurzeln des Adventkalenders.

Als „lebendigen Adventkalender" bezeichnet man die Aktion, jeden Tag im Advent an einem Haus im Ort ein Fenster zu öffnen. Die Feier und was sich hinter dem Fenster verbirgt, liegt in der Verantwortung des Gastgebers. Der lebendige Adventkalender hat den positiven Nebeneffekt, dass er Stubenhocker vor die Tür und Leben in Schlafdörfer zu bringen vermag.

In der Steiermark findet man Adventkalender, die aus aufgefädelten Nüssen bestehen, wobei die Nüsse für die Adventsonntage mit goldener Farbe lackiert sind. Nette Aufmerksamkeiten zu finden, die in die Nüsse passen, verlangt einiges an Kreativität. Die Überraschung, was alles in Nüssen stecken kann, macht besonders Freude.

Einmal etwas anderes ist es, in Säckchen oder Zündholzschachteln kleine persönliche Gutscheine zu stecken.

Eine Möglichkeit ist auch, die Figuren der Krippe in von 1-24 nummerierte Schachteln zu verpacken und sukzessive aufzustellen, bis hin zum Christkind.

Mit Kindern einen Adventkalender basteln

Adventbäumchen: 24 Toilettpapier-Rollen werden beklebt oder angemalt und wie ein Baum übereinander geklebt. Sollten nicht so viele Rollen vorhanden sein, einfach aus einer zwei oder drei machen. In jede kommt eine kleine Überraschung. Dann werden die Öffnungen zugeklebt und mit den Ziffern 1-24 versehen.

Adventzug: Eine oder mehrere beklebte Streichholzschachteln übereinander bilden die Karosserie der Dampflokomotive und der Wagons, an die ein Schornstein, Räder, Fenster, Türen, ... angebracht werden. Die Zündholzschachteln werden von 1-24 durchnummeriert und mit je einer kleinen Überraschung gefüllt.

Adventsackerl: Vier große und 20 kleine runde Stoffflecke werden mit ca. 2 cm Abstand zum Rand mit Heftstichen umnäht und zu einem Sackerl zusammengezogen. In jedes Sackerl kommt eine kleine Überraschung. Die Sackerl werden z. B. an einer Leine aufgehängt.

Lebendiger Adventkalender in Roßhaupten im Allgäu.
Foto: Heiko Köntopp

Lebendige Adventkalender:

- Der Ortsplatz von **Steinbach an der Steyr** wird beim Steinbacher Advent zum Adventkalender. In sieben Häusern rund um den Ortsbrunnen werden 24 Fenster künstlerisch gestaltet, von denen täglich eines geöffnet wird. Von der Christkindstadt Steyr gelangt man mit der ältesten Schmalspurbahn, der Steyrtal Museumsbahn, durch die malerische Aulandschaft nach Steinbach an der Steyr.
- Das **Wiener Rathaus** wird im Advent beleuchtet und zum riesigen, von Künstlern gestalteten Adventkalender.
- 24 weihnachtlich gestaltete Fenster leuchten auch über den Hauptplatz von **Mariazell**. Hier kann man ablesen, in wieviel Tagen das Christkind endlich kommen wird.
- Einer der größten Adventkalender Deutschlands ist in **Roßhaupten** „aufgebaut". In den Häusern rund um den Dorfplatz werden die „Adventfenster" beleuchtet, jeden Tag kommt bei Einbruch der Dunkelheit eines dazu. Kinder, adventbegeisterte Einwohner und der Roßhauptener Kunstkreis gestalten diese Fenster aufwändig. Von Weihnachten erstrahlt dann bis Dreikönig einer der größten Adventkalender Deutschlands und verleiht dem Dorf Roßhaupten einen besonders schönen weihnachtlichen Glanz. Er ist nicht nur ein schöner Brauch. Er zeigt auch auf, wie ein Dorf belebt werden kann.
- Am Domplatz in **Brixen** zeigen so viele Fenster wie der Advent Tage hat ein Symbol der weihnachtlichen Erwartung.
- In **Linz** erstrahlt am Hochhaus Ecke Ramsauer-/Stadlerstraße jährlich der Linzer Adventkalender.
- Weitere auf www.pro-christkind.at

Singen, Musik und Lesen – täglich eine kleine Adventfeier

Singen, Musizieren, Gedichte und Geschichten machen das tägliche Anzünden der Kerzen am Adventkranz noch feierlicher.

Gemeinsam mit dem Steirischen Volksliedwerk haben wir einige Lieder ausgewählt, die zur Advent- und Weihnachtszeit passen (→ Advent- und Weihnachtslieder).

Das bekannteste Adventkranz-Gedicht ist wohl der Dreizeiler:

Advent, Advent, ein Lichtlein brennt.
Erst eins, dann zwei, dann drei, dann vier,
dann steht das Christkind vor der Tür.

Gemeinsames Singen macht das Anzünden der Kerzen des Adventkranzes besonders feierlich.

Ein schönes Gedicht ist auch das folgende von Gisela Segieth:

Bei mir für jeden im Advent
tief im Herz ein Kerzlein brennt.

Dies verströmet Licht und Freud
nicht allein im Hier und Heut.

Ich zünd dir ein Kerzlein an
hoffe sehr, du freust dich dran.

Wenn es bringet dir das Licht
und von Freude zu dir spricht.

Trag auch du dein Lichtlein weiter
hin bis zu der Himmelsleiter.

Wo es leuchtet dir voran
so hell es nur leuchten kann.

Mög dir's Lichtlein nie verglühn
sondern immer Licht versprühn

Denn dann bist du allezeit
für die Weihnacht auch bereit.

Im Buchladen und auch im Internet sind noch viele schöne Adventgedichte zu finden. Wenn wir wollen, auch für jeden Tag eines. Vielleicht gelingt es uns sogar, selbst ein Gedicht zu schreiben.

Singen wir am Adventkranz Adventlieder und studieren neue Lieder für Weihnachten ein (→ Advent- und Weihnachtslieder).

Kinder freuen sich besonders, wenn man ihnen jeden Tag eine Geschichte oder einen Teil eines Buches vorliest.

Apfelbraten – Duft von Weihnachten

Stimmung entsteht in uns und zwischen uns und wird über alle Sinne gefördert.

Wenn die Ernte eingebracht und Ruhe eingekehrt ist, wurden in vielen Bauernfamilien Äpfel gebraten. Viele Bäuerinnen hatten ihr gehütetes Spezialrezept, wie der leicht säuerliche Apfel gefüllt wurde. Häufig kamen Nüsse oder auch Preiselbeeren und Honig in den Apfel. Dann kommen die Äpfel auf einem Blech ins vorgeheizte Backrohr oder noch besser in einen Holzofen. Dort werden sie richtig zum Schwitzen gebracht, bis sie im eigenen Saft brutzeln. Der Duft der Bratäpfel stellt jede Duftlampe in den Schatten.

Kinder können's meist gar nicht mehr erwarten, bis die Bratäpfel fertig sind.

Weihnachtliche Bratäpfel mit Orangenfülle

(ein Spezialrezept aus dem ApfelLand-Stubenbergsee)

4 große säuerliche Äpfel, 2 Mandarinen, 2 EL Orangenmarmelade, 1 großes Stamperl Cointreau, 60 g gehackte Pistazien, 1/8 l Weißwein, 4 EL gestiftelte Mandeln

Die Äpfel waschen, gut abtrocknen und mit einem Parisienne-Ausstecher vom Blütenansatz her aushöhlen; die Mandarinen schälen und filetieren (mit einem scharfen Messer das weiße Häutchen von den einzelnen Fruchtspalten lösen) und den Saft auffangen.

Mandarinenspalten, Orangenmarmelade, Cointreau und Pistazien gut vermengen und diese Masse in die Äpfel füllen; die Äpfel dann in eine Bratpfanne setzen und mit den gestiftelten Mandeln bestreuen; im vorgeheizten Backrohr bei 210 °C 20-25 Minuten lang braten; zuletzt gießt man mit Weißwein auf und lässt aufkochen; dadurch löst sich der am Boden angekrustete Saft, den man nun über die Äpfel gießt. Diese herrlich duftende und besonders wohlschmeckende Nachspeise muss sogleich heiß serviert werden, damit sie ihr Aroma nicht verliert.

Zahlreiche weitere Rezepte für den Advent- und Weihnachtstisch finden Sie in den Büchern „Österreichische Bäuerinnen decken den Weihnachtstisch“ bzw. „Südtiroler Bäuerinnen decken den Weihnachtstisch“, beide aus dem Löwenzahn Verlag.

Bratapfelzauber erleben:

★ Die „Apfel-Genusswirte“ und die Apfelbauern im ApfelLand-Stubenbergsee laden jeden Adventanfang zum „**Bratapfelzauber**“ ins ApfelLand-Stubenbergsee. Dazu gehört die Kür der im jeweiligen Jahr bestgeeigneten Apfelsorte. Der „Bratapfel des Jahres“ kann dann bei den Wirten verkostet werden, die feine Bratapfelmenüs und auch verschiedene hochklassige Apfelgetränke anbieten. Mit eingebunden ist auch die Tierwelt Herberstein, wo im ganzen Advent ein Weihnachtsmarkt stattfindet. Die sagenumwobenen 23 „Apfelmänner“, die gemeinsam den besten Apfelschnaps, den „Abakus“ brennen, kreieren einen speziellen Apfel-Likör, der beim Bratapfelzauber erstmals zur Verkostung kommt. Für Zuhause gibt es ein fix und fertiges „Bratapfel-Set“.

Die „Apfel-Genusswirte“ und die „Apfelbauern“ im ApfelLand-Stubenbergsee laden jeden Adventbeginn zum Bratapfelzauber. Foto: Melbinger

Das reine Kerzenlicht
macht Roraten besonders
stimmungsvoll.

Rorate – morgendliche Andacht im Kerzenschein

Es gibt selbst Morgenmuffel, die sie nicht missen wollen, um in Weihnachtsstimmung zu kommen: das Rorate.

Wer sich stimmungsvoll und in Ruhe auf das Weihnachtsfest vorbereiten will, findet in den morgendlichen Roratemessen den Rahmen dafür. Die Roraten sind bis zum 16. Dezember Gedenkmessen zu Ehren von Christkinds Mutter Maria – wenn man so will, Messen zu Ehren der Mütter. Danach sind sie dem Christkind gewidmet. „Rorate" stammt vom lateinischen Anfang des Liedes „Tauet, Himmel, den Gerechten" (Rorate coeli ...). Im Alpenraum sind Roratemessen seit dem 15. Jahrhundert nachweisbar. Es wird allerdings angenommen, dass ihre Wurzeln bis ins Mittelalter zurückreichen. Früher wurden Roraten an den Adventsamstagen abgehalten. Heute werden die adventlichen Morgenmessen im Kerzenschein an Wochentagen gefeiert. Mancherorts gibt es für die Frühaufsteher nach den Roraten eine Mahlzeit.

Gehen Sie einmal früher schlafen und besuchen Sie mit der gesamten Familie ein Rorate. Hören Sie sich um, wo es in Ihrer Umgebung besonders schöne Roraten gibt.

Rorate erleben:

- ★ Im **Mariazeller Advent** wird täglich um 6.00 Uhr ein Rorate gefeiert. An den Sonntagen wird es musikalisch gestaltet. Danach laden die umliegenden Wirte zum traditionellen „Flecksuppenessen".

Weihnachtsdekoration – weihnachtlich wohnen und arbeiten

Die weihnachtliche Dekoration der eigenen vier Wände, aber auch des Arbeitsplatzes versprüht Freude auf Weihnachten.

In fast jeder Wohnung findet sich ein Adventkranz, in Haushalten mit Kindern auch ein Adventkalender. In Deutschland ist außerdem die Weihnachtspyramide sehr verbreitet. Beliebte weihnachtliche Dekorationsgegenstände sind weihnachtliche Tischdecken, Gestecke, Nadelzweige und Kerzen. Auch der blühende Weihnachtsstern oder Weihnachtskaktus, ein Teller mit Weihnachtsgebäck (→ Keksebacken, → Lebkuchen, → Christstollen, → Weihnachtszelten), eine Schüssel mit Mandarinen und Nüssen, der Barbarazweig (→ Barbaratag), der Luzienweizen (→ Lucia) sorgen für weihnachtliche Stimmung. Entsprechend dem Trend, die Freude auf Weihnachten auch nach außen zu kehren, werden neuerdings verstärkt die Fenster dekoriert – z. B. mit Strohsternen (→ Christkindlwerkstatt), mit aufgesprühten Sternen oder auch mit Lichtern (→ Weihnachtsbeleuchtung).

Überlegen wir gemeinsam, wie wir unseren Wohnraum weihnachtlich gestalten können.

Viele müssen gerade im Advent viel arbeiten oder lernen. Warum nicht auch den Arbeitsplatz ein wenig dekorieren?

Auf www.pro-christkind.at gibt's auch einen Christkind-Stern-Kleber, der aussieht wie gesprayt. Mit diesem am Fenster kann man sich zudem als Christkind-Fan outen.

Weihnachtsbeleuchtung – Weihnachtsfreude nach außen tragen

Mit Weihnachtsbeleuchtung zeigen wir allen, dass wir uns auf das Geburtstagsfest des Christkindes freuen – und Freude ist bekanntlich ansteckend.

In den letzten Jahren hat die Weihnachtsdekoration außerhalb geschlossener Räume deutlich zugenommen. Dabei ist Licht das dominierende Element. In sehr vielen Innenstädten, Einkaufszentren und auch in immer mehr Dorfzentren gibt es Weihnachtsdekoration in Form von beleuchteten Weihnachtsbäumen, Lichtergirlanden und verschiedenen Lichtobjekten. Längst sind damit Städteplaner, Architekten und Lichtdesigner befasst, die sich in Kreativität, Eleganz und weihnachtlicher Stimmung zu übertreffen suchen. Auch viele Privathäuser und -gärten, Fenster und Türen werden dekoriert, um die Freude auf Christkinds Geburtstag zum Ausdruck zu bringen. Auch hier spielt das Licht eine dominierende Rolle. Die häufigste Form sind wohl die Lichterketten an Bäumen und Balkonkästen.

Dezente Weihnachtsbeleuchtung mit Kerzen im Bad Gleichenberg.
Foto: Region Bad Gleichenberg

Das mittelalterliche Rattenberg wird im Advent rein mit natürlichem Licht von Fackeln erhellt, die der Türmer in der Dämmerung anzündet und zu fortgeschrittener Stunde wieder löscht.
Foto: Alpbachtal Seenland

Was auch sonst ein guter Grundsatz ist, gilt in der Vorweihnachtszeit besonders: Weniger ist mehr. Advent und Weihnacht ist die stille und dunkelste Zeit im Jahr. Die frühe Dunkelheit gehört genauso zur Weihnachtsstimmung wie der Schnee. Verwenden wir deshalb zartes, ruhiges Licht, das am Kerzenlicht Maß nimmt.

Warten wir mit der Beleuchtung auf den Adventbeginn und werten ihn damit auf.

Überlegen wir uns für die Dekoration Symbole, die zum Weihnachtsfest passen.

Weihnachtsbeleuchtung ohne Strom:

- In der Region Bad Gleichenberg sorgen statt elektrischer Beleuchtung **Laternen und Kerzen** für weihnachtliche Stimmung.
- Im ApfelLand-Stubenbergsee unterstreichen in den Gassen des Marktes Anger hohe, dicke „**Weihnachtskerzen**" die stillste Zeit im Jahr. Jeden Tag entzündet sie ein anderer Bürger und löscht sie am späten Abend wieder aus.
- Auch die mittelalterliche Stadt Rattenberg im Alpbachtal Seenland erleuchtet ausschließlich im natürlichen Licht von **Fackeln**, die bei Dämmerung vom Türmer angezündet und zu fortgeschrittener Stunde wieder ausgelöscht werden.

Barbaratag – Zweige als Symbol der Hoffnung

Der Tag der heiligen Barbara am 4. Dezember und Weihnachten verbindet der Barbarazweig, der zu Barbara eingefrischt und dann gehegt wird, dass er zu Weihnachten erblüht.

Zum Vorlesen: Die Legende der heiligen Barbara

Barbara lebte im 3. Jahrhundert nach Christus in Nikodemia, der Hauptstadt der römischen Provinz Bithynien. Es war die Zeit der Christenverfolgung unter Kaiser Decius. Christen galten als Feinde des Staates, wurden verfolgt und mussten mit grausamen Strafen rechnen.

Barbaras Vater war ein reicher Mann. Er hing sehr an seinem einzigen Kind und ließ ihr eine gute Ausbildung zukommen. Auch legte er großen Wert darauf, sie mit den römisch-griechischen Göttern vertraut zu machen. Ohne Wissen des Vaters lernte Barbara jedoch im Geheimen praktizierende Christen kennen, die ihr den christlichen Glauben näher brachten.

Der Vater wollte Barbara mit einem sehr wohlhabenden Mann vermählen, um den Reichtum seines Hauses noch zu vermehren. Er sperrte sie in einen Turm, um sie von der Außenwelt abzuschirmen, vor allem auch vom sich verbreitenden Christentum. Als er von einer Reise zurückkam, gestand Barbara ihm, dass sie sich in der Zwischenzeit taufen habe lassen und den für sie ausgesuchten Mann nicht heiraten wolle. Ihr Vater war zutiefst verletzt, dass sich ausgerechnet sein einziges Kind dem verhassten Glauben zugewandt hatte. Er versuchte sie mit allen Mittel umzustimmen. Als all seine verzweifelten Bemühungen scheiterten, Barbara vom Christentum abzubringen, packte ihn ein solcher Zorn, dass er seine Tochter an das oberste römische Gericht auslieferte. Barbara wurde verhaftet, ins Gefängnis geworfen und schließlich zum Tod durch das Schwert verurteilt.

Die Legende erzählt, dass sich auf dem Weg ins Gefängnis ein Kirschzweig in Barbaras Kleid verfing, den sie in einem kleinen Krug einfrischte. Der austreibende Zweig soll ihr in den letzten Tagen Trost gespendet haben und ausgerechnet an jenem Tag erblüht sein, an dem sie hingerichtet werden sollte.

Barbaras letzter Wunsch soll gewesen sein, dass Gott durch sie all jenen beisteht, die plötzlich mit dem Tod konfrontiert werden. Der Festtag der Barbara, der Schutzheiligen u. a. der Mineure, wird vor allem in Bergbauorten gefeiert.

Suchen Sie mit der Familie nach besonders schönen Obstzweigen.

Überlegen Sie gemeinsam, was wir aus der Legende von Barbara für uns ableiten können.

Ein schöner Brauch ist es, am Tag der heiligen Barbara Obstzweige zu schneiden und sie in einer Vase einzufrischen, damit sie an Weihnachten blühen. Geeignet sind vor allem Kirschbaumzweige, aber auch Apfel-, Birken-, Holunder, Rotdorn- oder Forsythienzweige. Falls es schon gefroren hat, sollte der Zweig in einem ungeheizten Raum ins Wasser gestellt und einige Tage „angetaut“ werden. Ansonsten kann der Zweig gleich in einem geheizten Raum in warmes Wasser gestellt werden. Das Wasser wird alle paar Tage gewechselt. Zusätzlich sollte der Zweig des Öfteren besprüht werden, damit er nicht austrocknet. Wenn der Barbarazweig am Heiligen Abend blüht, ist das ein Symbol für die Geburt des Christkindes und soll Glück im neuen Jahr bringen.

Barbaraturm zum Ausmalen und Ausschneiden (im Originalformat zum Downloaden auf www.pro-christkind.at).

Barbaraturm basteln

Auf www.pro-christkind.at ist ein Turm zum Ausschneiden downzuloaden. Die Umrisse quer auf ein dunkles A4-Naturpapier drucken. Ausschneiden, die Türen und Fenster mit färbigem Seidenpapier hinterkleben und den Turm zusammenkleben. In den Turm stellt man eine Kerze. Sie steht für die Hoffnung von Barbara.

Barbarafeiern:

- An der **Montanuniversität Leoben** beginnt und endet am Barbaratag das Studium. Zur Aufnahme ist der Sprung von einem Bierfass über das Bergleder zu bewältigen. Die frischgebackenen Diplomingenieure begeben sich im schwarzen Bergkittel zum Leobener Hauptplatz, wo sie die steinerne Brunnenfigur des Bergmannes zum Abschied küssen.
- In **Mariazell** ist Barbara das ganze erste Advent-Wochenende geweiht. Eröffnet wird am Freitag Abend mit Adventlesungen und -musik im Stollen der I. Wiener Hochquellenleitung. Am Samstag lädt das Montanmuseum im Gusswerk zum Tag der offenen Tür. Den feierlichen Abschluss bildet die Messe in der von Bergknappen erbauten Barbarakirche.

- ★ Im burgenländischen **Neumarkt** ziehen Burschen am Vorabend mit einer geflochtenen Rute, dem „Korbatsch", durch den Ort und wünschen alles Gute.
- ★ Im steirischen **Altaussee** geben Männer rund um den Barbaratag Schwert- oder Reifentänze der Bergknappen zum Besten.
- ★ Im burgenländischen **Wiesen** pflegt man das Barbara-Singen.
- ★ Im Kärntner **Hüttenberg** ist das Radschlagen, ein spiralenförmiger Aufmarsch mit Fahnenschwingen, Tradition.
- ★ Altes Brauchtum der Knappen ist in den Südtiroler Bergbaumuseen in **Maiern/Ridnaun** und **Villanders** zu erleben.
- ★ Auch im Bergbau- und Heimatmuseum in **Mühlbach am Hochkönig** und im Silberbergwerk in Ramingstein gibt es eine Barbarafeier.
- ★ Die Voest-Alpine-Mitarbeiter feiern Barbara jährlich in ihrer jeweiligen Berufskleidung in der Herz-Jesu-Kirche in **Linz**.
- ★ Auch im niederösterreichischen **Matzen**, wo Erdöl gefördert wird, gibt es ein stimmungsvolles Fest für die Bergbauheilige.
- ★ Weitere auf www.pro-christkind.at

Apfelknospe kurz vor Weihnachten.
Foto: Jürgen Peters

Gemeinsam Barbarazweige auszusuchen und
zu pflegen, damit sie zu Weihnachten blühen,
macht Kindern viel Freude.

007
Kasper

Nikolaus – immer ein Ohr für Menschen in Not

Der heilige Nikolaus, der immer ein offenes Ohr für Menschen in Nöten hatte, sollte uns gerade im Advent ein Vorbild sein. Er wird am 6. Dezember bzw. am Vorabend gefeiert.

Nikolaus ist wohl der bei Kindern bekannteste Heilige. Er lebte im 3. und 4. Jahrhundert nach Christus und war griechischer Bischof von Lykien, in der heutigen türkischen Urlaubsregion rund um Antalia. In seiner Funktion nahm er 325 am Konzil von Nizäa teil. Die Legende sagt, dass er immer Augen und Ohren offen hatte für Menschen, die in Not waren und Hilfe brauchten. Dafür soll er nach und nach ein großes Vermögen verschenkt haben, das er von seinen Eltern geerbt hatte. Die Bräuche, die rund um den Nikolaus entstanden, gehen vor allem auf zwei Legenden zurück. Zum einen rettete er drei junge Frauen vor dem sicheren Los als Prostituierte, indem er ihnen nächtens durchs Fenster Goldklumpen zukommen ließ. Daraus entwickelte sich der Brauch des geheimen „Einlegens" von Geschenken. Zum anderen half er den Einwohnern von Myra aus einer Hungersnot:

Mandarine.
Foto: www.environment.ecoles.free.fr

Zum Vorlesen: Die Legende von der Kornvermehrung

Zur Zeit des heiligen Nikolaus soll es in der Stadt Myra eine große Hungersnot gegeben haben. Zu viel Regen hatte die Ernte verdorben und die Bauern hatten deshalb kaum Getreide. So konnten auch die Müller kaum Mehl mahlen und die Bäcker viel zu wenig Brot backen. Die Geschäfte waren leer und die Kinder weinten vor Hunger. Die Menschen begannen zu zweifeln, dass es einen Gott gibt. Nikolaus sprach ihnen Mut zu und betete mit ihnen. Eines Tages legte im Hafen ein Schiff vor Anker, das bis oben hin mit Korn beladen war. Die Menschen liefen in den Hafen und bettelten. Sie hätten alles dafür gegeben, was sie hatten. Die Seeleute hatten aber Angst vor dem Kaiser, für den das Getreide bestimmt war, und gaben ihnen nichts davon. Schließlich sprach Bischof Nikolaus mit ihnen: „Es wird euch nichts passieren, wenn ihr den armen Menschen ein paar Säcke abgebt. Bei eurer Ankunft wird kein Sack fehlen." Er konnte sie überzeugen. Sie trugen viele Kornsäcke vom Schiff, um sie den Leuten zu schenken. Nikolaus organisierte, dass das Korn gemahlen, daraus Brot gebacken wurde und jeder einen gerechten Teil davon bekam. Niemand musste mehr hungern. Als die Seeleute am Bestimmungshafen ankamen, stellten sie fest, dass vom Korn des Kaisers nichts fehlte.

Durch seine guten Taten wurde Nikolaus zum Patron der Bauern, Apotheker, Schiffer, Fischer, Studenten, Wirte und aller Menschen in Not. Außerdem war er lange Zeit der wichtigste Geschenkbringer in der Weihnachtszeit. Im Mittelalter brachte der heilige Nikolaus die Geschenke für die Buben und die heilige Lucia am 13. Dezember Geschenke für die Mädchen. Heute tritt der Nikolaus auf verschiedene Arten in Erscheinung:

Das **Schiffchensetzen** wird seit über 600 Jahren in verschiedener Form gepflegt. Die Kinder basteln Papierschiffchen und Nikolaus legt seine Gaben in die Schiffchen. Hintergrund für diesen Brauch dürfte das Schifferpatronat des Heiligen sein.

In Anlehnung an das legendäre **Einlegen** der Goldklumpen in das Haus der drei Mädchen füllt der Nikolaus über Nacht Schuhe, Stiefel, Strümpfe oder auch Gabenteller mit Äpfeln, Nüssen, Gebäck und Süßigkeiten.

Aus Predigtspielen des Spätmittelalters und der Barockzeit haben sich im 18. Jahrhundert **Umzugspiele von Haus zu Haus** entwickelt, die alle Anwesenden mit einbezogen und sich eher an Erwachsene richteten. Nikolaus und Krampus sind die Hauptfiguren. Rund um sie entstanden aber auch andere Geschichten und Figuren. Grundmuster ist, dass schändliches Verhalten bestraft, vorbildliches aber belohnt wird. Die Spiele verlagerten sich mit der Zeit immer mehr auf öffentliche Bühnen.

Den **Hausbesuch** am Vorabend des 6. Dezember gibt es seit dem frühen 17. Jahrhundert im katholischen Raum. Der Nikolaus trägt dabei, in Messgewand gekleidet, Bischofsmütze und -stab und bringt den Kindern Süßigkeiten und Obst. Der kettenrasselnde „Krampus“, der ihn früher begleitete, wird heute meist bewusst weggelassen. Er passt so gar nicht zum hilfsbereiten und gütigen Bischof aus Myra, an den uns dieser Tag erinnern soll, genauso wie die erzieherische Funktion, für die der Nikolaus gern missbraucht wird.

Ganz besonderen Reiz haben **Nikolausumzüge**, bei denen der Nikolaus zwar nicht auf jeden persönlich eingehen kann, aber in der Regel eine festliche Rede auf einem öffentlichen Platz hält. Meist sorgen die Veranstalter auch hier für Geschenke für die Kinder.

Das reich bebilderte Kinderbuch „Der heilige Nikolaus", das das Leben des Bischofs erzählt, ist ein nettes Geschenk, das im Eigenverlag des katholischen Familienverbandes Tirol erschienen ist.

Die Katholische Jungschar setzt sich für eine gute Ausbildung der Nikoläuse ein. Sie appelliert unter dem Motto „Frohbotschaft nicht Drohbotschaft" Jahr für Jahr, den gütigen Bischof – und nicht das Angstmachen – in den Vordergrund zu stellen und auf Sündenregister und den Krampus als Begleiter zu verzichten.

Das Nikolausfest soll an den gütigen, hilfsbereiten Bischof erinnern und anregen, ihn uns zum Vorbild zu nehmen. Überlegen wir, ob es auch in unserem Umfeld Menschen gibt, die Hilfe bedürfen, und spielen wir für diese Nikolaus.

Die traditionellen Gaben des Nikolaus sind Äpfel, Mandarinen, Sultaninen, Nüsse aus aller Welt, Bockshörndl, Feigen, Datteln und Lebkuchen, …

Weniger bekannte Nikolauslieder sind „Heiliger Nikolaus, du braver Mann" oder „Nikolo, bum bum". Weitere Lieder (→ Advent- und Weihnachtslieder).

Apfel.
Foto: www.weingut-muskateller.de

Nikolaushaus basteln

Basteln Sie für Ihre Kinder oder – noch besser – mit Ihren Kindern ein Haus, wie es der Nikolaus früher den Kindern im niederösterreichischen Waldviertel brachte. Die verwendeten Äpfel kann man nach ca. 1 Woche im Ofen oder am Griller braten (→ Apfelbraten). Dass die Äpfel Teil des Nikolohauses waren, macht die Bratäpfel zu etwas ganz Besonderem und lässt sie noch besser schmecken.

9 feste, rotbackige Äpfel, 12 ca. 25-30 cm lange und 10 mm dicke Stangen, 4 ca. 20 cm lange und 10 mm dicke Stangen, 1 kleine Fahnen-Stange, rotes und weißes Buntpapier, rote Krepp-Bänder, verschiedene Süßigkeiten, in Silberpapier oder Goldpapier eingewickelte Nüsse, gedörrte Zwetschken (Pflaumen) etc., Bänder zum Aufhängen dieser Leckereien

Die Stangen werden an beiden Enden gespitzt und – bis auf die ausreichend langen Enden, die in die Äpfel gesteckt werden – spiralförmig mit Kreppbändern umwickelt. Zunächst werden 4 Äpfel mit 4 längeren Stangen zur quadratischen Basis verbunden. In jeden der 4 Äpfel wird nun senkrecht eine weitere längere Stange gesteckt. Dann bildet man mit 4 Äpfeln und den restlichen 4 längeren Stangen ein weiteres Quadrat und setzt es oben auf. Die vier kleineren Stangen werden mit dem letzten Apfel zu einer Pyramide zusammengesteckt und oben aufgesetzt. Aus dem Buntpapier schneidet man schließlich eine Fahne, klebt sie an der Fahnenstange fest und steckt sie schräg in den Giebelapfel. Die oberen Stangen und die Giebelstangen werden dicht mit Süßigkeiten und anderen Leckereien behängt. Das Haus kann unbehängt statt Stiefeln vor die Tür gestellt oder vom Nikolaus gebracht werden.

Nikolaus erleben:

- In der Region Bad Gleichenberg zieht der **Nikolaus mit einer Pferdekutsche** in den Ort Trautmannsdorf ein.
- Beim Mariazeller Advent kann man am 1. Adventsonntag gemeinsame **Schifferl basteln**. Das Schifferl wird mit einem überlieferten Spruch oder nach Belieben beschriftet.
- Im burgenländischen Deutsch-Kaltenbrunn gibt es einen **Nikolo-Kirtag**.
- Im Kärntner Haimburg, im Salzburger Gasteinertal oder im Südtiroler Pustertal sind **traditionelle Umzugspiele** zu erleben.
- Im niederösterreichischen Pernitz wird eine Festmesse gefeiert. Anschließend besucht der Pfarrpatron **Kinder** und beschenkt sie mit Gebäck.
- Im niederösterreichischen Spitz geht der Nikolaus nach der Messe mit den Kindern zur Donau, wo selbst gebastelte, mit Wünschen versehene und mit Kerzen beleuchtete **Schiffe** von der Feuerwehr in die Donau gesetzt werden.
- Im oberösterreichischen St. Nikola an der Donau kommt der **Nikolaus mit dem Schiff** und zum Gedenken an die verunglückten Schiffer wird in der Donau ein Kranz versenkt.
- In der Region Alpbachtal Seenland gibt es gleich in drei Orten ein **traditionelles Nikolausspiel**: in Breitenbach, in Alpbach und in Reith im Alpbachtal.

Frisch geputzte Stiefel, Nikoloschiffchen und Nikolohaus vor der Tür.

Nikolauswecken der Nachttrichjer in Fiesch in der Schweiz.

- Seit über 100 Jahren ziehen über 80 Männer und Burschen von der Ortschaft Krungl etwa fünf Kilometer nach Bad Mitterndorf und führen dabei fünfmal ein **bäuerliches Jedermannspiel** vor.
- Ein nostalgisches Erlebnis sind die **„Nikolausdampfzüge"** des Bayerischen Eisenbahnmuseums auf den Bahnstrecken des Nördlinger Ries. Der Nikolaus steigt zu und hat eine Überraschung für die kleinen Fahrgäste dabei.
- In der Altstadt von Innsbruck organisiert das Jugendrotkreuz einen **Nikolausumzug** vom Stadtteil St. Nikolaus über die Innbrücke zum Dom, wo der Nikolaus vom Bischof der Diözese empfangen wird.
- Die Schweizer **rufen bzw. wecken den Nikolaus** mit Lärmbräuchen: Im aargauischen Seetal und im luzernischen Kries machen das Buben und Burschen mit Peitschenknallen, genannt „Chlauschlöpfe". In Küssnacht am Rigi wird der Nikolaus bereits seit 1732 mit einem Umzug von hunderten Buben mit Hörnern, Kuhglocken und Peitschen geweckt. In Kaltenbrunn sind dafür seit 1674 die zwölf Kläuse zuständig, die allerdings nur mehr alle fünf Jahre auftreten. Im Oberwallis wird der Nikolaus mit Glocken geweckt.
- Weitere auf www.pro-christkind.at

Mariä Empfängnis – ein zweiter Muttertag?

Eine mit der Erbsünde belastete Mutter kann schlecht Gottes Sohn zur Welt bringen. Deshalb wurde in einem kirchlichen Dogma Annas Empfängnis von Maria frei von Erbsünde erklärt. Dieser Empfängnis gedenken wir am 8. Dezember.

Für den Handel ist der Advent ein wichtiger Umsatz-Monat. Durch zusätzliche Öffnungszeiten steigt der Umsatz nicht, sondern verteilt sich nur. Die Öffnung einigen Läden brachte aber den Rest der Kaufleute unter Zugzwang. Die Öffnung von mehr und mehr Geschäften machte den 8. Dezember zum umstrittenen Einkaufsfeiertag.

Suchen wir nach Alternativen für die Gestaltung des Feiertages. Mariä Empfängnis wäre doch gut geeignet für einen zweiten Muttertag.

Mütter freuen sich ganz besonders über einen schönen gemeinsamen Ausflug, z. B. zum Mariazeller Advent mit musikalisch gestalteter Festmesse in der Basilika bei der „Großen Mutter Österreichs – Magna Mater Austriae". Der berühmte Wallfahrtsort bietet in der Vorweihnachtszeit viel Besinnliches und regionale Köstlichkeiten, um abseits von Einkaufsstress und Adventrummel kurz innezuhalten.

Schenken – einander Freude machen

Wie die Hirten und die drei Weisen das Christkind in der Krippe, beschenken wir uns heute gegenseitig.

Das Christkind als Geschenkbringer und seine Vorgänger

Im frühen Mittelalter wurden die Kinder am „Tag der unschuldigen Kinder" beschenkt, wie er früher genannt wurde. Bis ins 14. Jahrhundert hatte sich allerdings aufgrund der Beliebtheit eines Heiligen ein anderer Termin durchgesetzt: Der 6. Dezember, der Tag des heiligen Nikolaus, Patron der Kinder, wurde zum Kinderbeschenktag. In manchen Gegenden bekamen allerdings nur die Buben an Nikolaus Geschenke, die Mädchen am 13. Dezember, dem Tag der heiligen Lucia. Nach der Reformation wurde in protestantischen Gebieten der 24. bzw. 25. Dezember gegen den Nikolaustag durchgesetzt, weil Heilige als Gnadenbringer und Heiligenfeste abgelehnt wurden. Erst ab Mitte des 19. Jahrhunderts verbreitete sich der Weihnachtstermin nach und nach in vielen katholischen Ländern als Tag, an dem die Kinder beschenkt wurden. Dass sich auch erwachsene Familienmitglieder untereinander etwas schenken, steht im Zusammenhang mit der Entwicklung des Weihnachtsfestes zum Familienfest, das ab Mitte des 18. Jahrhundert Einzug in die Privathaushalte hielt.

Andere Geschenkbringer

Neben dem Christkind gibt es noch einige andere Geschenkbringer in Europa. In großen Teilen Deutschlands kommt der Weihnachtsmann. In Frankreich und in der französischen Schweiz kommt Père Noël, der französische Weihnachts-

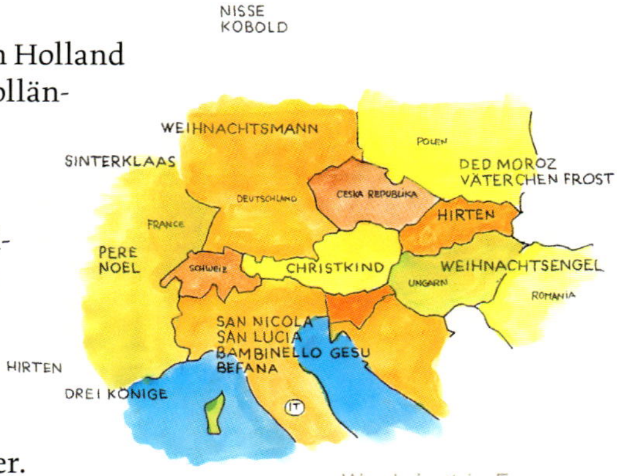

Wer bringt in Europa die Geschenke?

mann, zu den Kindern. In Holland bringt Sinterklaas, der holländische Nikolaus, die Geschenke. In Finnland heißt dieser Joulupukki. In Dänemark und den baltischen Ländern bringen Kobolde oder Gnome die Geschenke oder helfen zumindest dabei. In Russland beschenkt Väterchen Frost die Kinder. In der Slowakei und in Portugal übernehmen das die Hirten, während in Spanien die Heiligen Drei Könige Geschenke bringen. In Ungarn kommt der Weihnachtsengel zu den Kindern und in Griechenland werden sie vom heiligen Vassilius beschenkt. In Italien schließlich scheinen die Kinder entschieden zu haben, wer die Geschenke bringt: Dort bringen nämlich der Nikolaus, Lucia, Bambinello Gesu und die Hexe Befana an Dreikönig Geschenke.

„Ausgestorbene" oder „vom Aussterben bedrohte" Geschenkbringer

Andere Geschenkbringer, die in der ersten Hälfte des vergangenen Jahrhunderts in Mitteleuropa zu finden waren, sind ausgestorben oder vom Aussterben bedroht, darunter der Christmann, der Weihnachtsschenker oder der Heilige Christ, die an der Oder zwischen Deutschland und Polen verbreitet waren. Im Ruhrpott, in Niederfranken oder in Böhmen war es vereinzelt der Engel, der die Geschenke brachte. In der Gegend um Breslau fiel diese Rolle teilweise Josef zu. Zwischen Linz und Budweis brachte das Goldene Rössel mit oder ohne Christkind die Geschenke und rund um Iglau das Goldene Wagerl. In der französischen Schweiz waren neben dem französischen Weihnachtsmann Père Noël Chauche-vielle, Bonhomme Noël, Dame de Noël als Geschenkbringer tätig. Im westlichsten Teil der deutschen Schweiz war es neben dem Christkind auch der Mutti, der die Geschenke brachte.

Der beste Geschenkbringer ist ...

Gern wird diskutiert, welche dieser Figuren der bessere oder beste Geschenkbringer ist. Diese wettbewerbsorientierte Frage passt nicht so recht zu Weihnachten. Sie führt auch am Wesentlichen vorbei. Der Absatz zuvor, mit den ganz oder fast verschwundenen Geschenkbringern, führt uns zu einer passenden Antwort: Es ist schade um jede regionale Facette, die die kulturelle Vielfalt schmälert. Jede Region sollte ihre Advent- und Weihnachtstraditionen pflegen und erhalten. All die Geschenkbringer bringen Geschenke in Gedenken an die Geburt des Christkindes und erinnern uns damit an das Wesentliche an Weihnachten, wenn wir nur hinhören.

Wünsche ans Christkind

Überlegen wir gemeinsam, was neben der Frisierpuppe und dem ferngesteuerten Auto, das die Kinder eventuell von Mama und Papa oder Oma und Opa bekommen, noch ganz wesent-

Schenken macht Freude.

liche Wünsche sind, und schreiben wir diese ganz anderen Wünsche auf einen Wunschzettel ans Christkind.

Wunschzettel kann man an das Postamt Christkindl, Christkindlweg 6, 4411 Christkindl schicken. Das Christkind kann nicht alle Wünsche erfüllen, aber jedes Kind erhält auf seine Zuschrift eine Antwort aus Christkindl.

Beim Mariazeller Advent gibt es ein Engerlpostamt im fünf Meter hohen Lebkuchenhaus, in denen Engerl die Wünsche der Kinder notieren.

Die meisten Pädagogen empfehlen, den Kindern kein Märchen vom Geschenke bringenden Christkind zu erzählen, das – wenn es auffliegt – das Vertrauen in die Eltern erschüttert. Wir feiern den Geburtstag des Christkindes und aus Freude darüber beschenken wir uns gegenseitig und damit auch das Christkind. Das Christkind beschenkt uns auch, sogar tagtäglich mit dem, was es uns mitgebracht hat, als es auf die Welt kam.

Kinder brauchen Geschichten. Wir können ihnen auch die Geschichte vom Geschenke bringenden Christkind erzählen. Wir sollten ihnen aber sagen, dass es eine schöne Geschichte ist, die im übertragenen Sinn zu verstehen ist.

Ab Advent 2009 soll es ein eigenes Geschenkpapier von Pro-Christkind geben, mit dem man zum Ausdruck bringen kann, dass man auch fürs Christkind ist.

Ein Wichtelspiel hilft den Schenkstress abzubauen: Jeder Erwachsene zieht per Los einen anderen Erwachsenen, für den er ein Geschenk besorgt. Es bekommt also jeder nur ein Geschenk, ausgenommen die Kinder. Wer der Wichtel war, der das Geschenk besorgte, bleibt geheim.

Es gibt wieder mehr und mehr Christkindlmärkte, wie sie Erwachsene aus der Kinderheit kennen.

Christkindlmärkte – stimmungsvolle Weihnachtseinkäufe

Was wäre Weihnachten ohne den Besuch eines Christkindlmarktes, wie wir Erwachsenen ihn von früher kennen und ihn uns wünschen.

Nicht nur in Wien zählen Märkte in der Vorweihnachtszeit zu den ältesten Stadtrechten. Christkindlmärkte gibt es seit dem 14. Jahrhundert. Handwerker, Zuckerbäcker und natürlich auch Spielzeughersteller hatten angesucht, im Advent Stände auf dem Marktplatz aufbauen zu dürften. Im 20. Jahrhundert hat es sich eingebürgert, das Angenehme – Gustieren und Kaufen – mit einem guten Zweck zu verbinden. Viele Pfarren oder Sozialeinrichtungen veranstalten heute einen Adventmarkt oder Basar. Die größten Märkte werden allerdings, wie vor Jahrhunderten, von der Kaufmannschaft, Wirtschaftsförderungsorganisationen, Vereinen oder Kommunen getragen. Es ist noch nicht ewig her, dass am Großteil der Christkindlmärkte vor allem Kunsthandwerk und Weihnachts-Basteleien angeboten wurden. Heute dominieren leider oft Eß- und Trink-Stände sowie Stände mit Produkten, die mit Weihnachten wenig zu tun haben. Es gibt aber auch wieder zunehmend mehr Märkte, auf denen das anders ist. Viele Märkte bemühen sich auch um ein kulturelles Rahmenprogramm und ein Programm für Kinder.

Hören Sie sich um, wo es bei Ihnen besonders schöne Adventmärkte gibt.

Auch wenn wir nur einen Glühwein trinken gehen – stärken wir den Märkten den Rücken, die so sind, wie wir's uns wünschen. Fahren wir bewusst zu einem Markt, an dem man sich bemüht, das zu bieten, was viele Erwachsene aus ihrer Kindheit kennen und schätzen.

Ein paar schöne Advent- und Christkindmärkte:

- Am traditionellen **Adventmarkt rund um Stift Garsten** in der Christkindlregion Steyr findet man bodenständiges Handwerk und unverfälschtes Brauchtum. Einer der Höhepunkte ist die Ausstellung von regionstypischen Nagelschmiedkrippen.
- Beim **Mariazeller Adventmarkt** vor der malerischen Basilika findet man traditionelles Kunsthandwerk und regionale Köstlichkeiten des Mariazeller Landes wie Lebkuchen. Für Kinder gibt's ein begehbares Lebkuchenhaus mit Engerln, eine lebende Krippe, eine Adventbastelstube und Ponyreiten.
- Der romantische kleine **Adventmarkt in der steirischen Tierwelt Herberstein** bietet Kunsthandwerk und viele Geschenkideen aus Naturmaterial von regionalen Ausstellern. Die besten Bratäpfel aus dem ApfelLand-Stubenbergsee (→ Apfelbraten) und weihnachtliches Kinderprogramm vor der einzigartigen Kulisse des Schlosses im Reich der Tiere runden das Programm ab.
- Beim **Adventmarkt in Thermalort Bad Gleichenberg** gibt's keinen Alkohol und dafür ausschließlich Handwerkskunst, Selbstgebasteltes und Eingemachtes. Die Kinder

Der romantische kleine Adventmarkt in der Tierwelt Schloss Herberstein.
Foto: ApfelLand-Stubenbergsee

begeistern die Bastel- und Backstube, das Kerzenziehen und der Sternderlzug ab Feldbach, der während der 20-minütigen Fahrt dekoriert wird.

★ In der Vorweihnachtszeit wird der regionale Bauermarkt in Brixlegg in Tirol zum **Weihnachtsmarkt mit Christkindleinzug**, kulinarischen Spezialitäten und Weihnachtsschauspiel.

★ St. Leonhard bei Grödig hat den **ältesten Adventmarkt im Salzburger Land**. Es werden nur Kunsthandwerk, Glühwein, Punsch, Kekse und Kletzenbrot angeboten. Turmbläser und das Adventsingen umrahmen den Markt, dessen Gesamterlös an die Lebenshilfe geht.

- ★ Im Etsdorf-Haitzendorf, im Bezirk Krems, gibt es rund um den 8. Dezember den **Grafenegger Advent im historischen Schloss**, in dem statt „kitschigen" Weihnachtswaren handwerkliche und weihnachtlich-kulinarische Kostbarkeiten, echte Volksmusik, Konzerte und Lesungen geboten werden.
- ★ Beim **Advent im Brandlhof** in Radlbrunn ist der kleine Markt in eine stimmungsvolle Feier mit weihnachtlichen Weisen und Kerzenlicht eingebettet. In den Gaststuben gibt es Schmankerl aus der bodenständig-heimischen Küche.
- ★ In Niederösterreich gibt es außerdem empfehlenswerte Adventmärkte in der Stadt Haag, in Ybbsitz, im Meierhof des Stiftes Seitenstetten und im Skulpturengarten von Bad Pirawarth.
- ★ In Käfermarkt in Oberösterreich hat sich der vorwiegend kunsthandwerkliche **Weinberger „Advent im Schloss"** etabliert.
- ★ Der **Altwiener Christkindlmarkt** auf der Freyung bietet als winterlicher Bauernmarkt vorwiegend Kunsthandwerk. Musikalisches aus ganz Österreich und den Nachbarländern bildet ein nostalgisches Rahmenprogramm.
- ★ Der **Christkindlmarkt beim Wiener Rathaus** bietet mit dem Adventzauber besonders viel für kleine Marktbesucher.
- ★ Auf **Schloss Landeck** in Tirol wird ein Kunsthandwerksdörfchen unter märchenhaftem Lichterhimmel geboten.
- ★ Zum **Adventmarkt bei der Liebburg in Lienz** locken Geschenksideen wie Christbaumschmuck, handgemachte Kerzen und Adventgestecke in Verbindung mit kulinarischen Schmankerln.
- ★ Im schönen Rahmen der Stadtplätze von **Brixen, Bozen, Sterzing** finden Weihnachtsmärkte statt, die mit passendem Rahmenprogramm für vorweihnachtliche Stimmung sorgen.
- ★ Weitere auf www.pro-christkind.at

Heiße Getränke – Weihnachten in flüssiger Form

Einige warme Getränke gehören einfach zum Advent.

Nachfolgend ein paar nichtalkoholische und auch alkoholische Rezepte, die – in Maßen genossen – durchaus weihnachtlich sind:

Weihnachtlicher Apfelpunsch

Roter Früchtetee, 250 ml naturtrüber Apfelsaft, 150 ml frisch gepresster Orangensaft, 2 Zimtstangen, 2 Gewürznelken, 1 unbehandelte, gewaschene Zitrone

0,5 l Wasser kochen und den Früchtetee hineingeben. Mit den Gewürzen 1/4 Stunde ziehen lassen. Säfte druntermischen und nochmal heiß werden lassen, aber nicht aufkochen, damit die Vitamine erhalten bleiben. Gewürze abseihen und Punsch in die Becher gießen, die mit je einer Zitronenscheibe dekoriert werden.

Die angegebene Menge ergibt 4 Becher.

Nach dem Schneemannbauen ist ein heißer Apfelpunsch das Richtige.

Mandelmilch

1/2 l Milch, je 2 EL geriebene Mandeln und Staubzucker, 1 TL Vanillezucker

Mandeln, Staub- und Vanillezucker in die aufgekochte Milch geben und unter ständigem Rühren kochen. Mandelmilch wird heiß serviert.

Die angegebene Menge ergibt 2 Häferl.

Glühwein

1 Flasche Rotwein, 100 g Zucker, 2 Orangen, 2 Zimtstangen, 15 Gewürznelken

Zucker und Rotwein aufkochen. Gewürznelken in eine Orangenhälfte stecken und gemeinsam mit den Zimtstangen und dem Saft von den übrigen Orangen aufkochen. Nach 10 Minuten Köcheln ist der Glühwein trinkfertig.

Ein ungarischer scharfer Glühwein wird daraus, wenn man nach dem Aufkochen zudem 1 TL „Erõs Pista“ (scharfe Paprikapaste) oder einen halben Kirschpaprika beigibt.

Die angegebene Menge ist für 3-4 Personen.

Eiergrog

4 Eidotter, 3 EL Zucker, 1/2 l Wasser, 1/4 l Rum

Die Eidotter und den Zucker in einer Schüssel rühren, bis der Zucker nicht mehr knirscht. Wasser und Rum aufkochen und dann vorsichtig mit der Eigelbmasse verrühren. In feuerfesten Gläsern sofort servieren.

Lucia – Licht an den kürzesten Tagen

Lucia, die Lichtvolle, passt wunderbar in die kürzesten Nächte des Jahres und in die Weihnachtszeit. Licht steht für die Freude aufs Christkind. Ihr Tag ist der 13. Dezember.

Lucia von Syrakus (Sizilien) ist zu Zeiten der Christenverfolgung 303 einen Märtyrertod gestorben und seither eine der beliebtesten Heiligen. Sie soll ihr ganzes Vermögen verwendet haben, um Bedürftige und untergetauchte Christen mit Lebensmitteln zu versorgen. Um in der Dunkelheit den Weg zu finden und trotzdem die Hände frei zu haben, soll sie einen Lichterkranz am Kopf getragen haben.

Lucia wird in vielen Teilen der Welt gefeiert. In Italien wurde ihr sogar ein Volkslied, „Santa Lucia“, gewidmet. In Schweden ziehen die Mädchen am Morgen des 13. Dezember mit weißem Gewand und einer Krone aus brennenden Kerzen auf dem Kopf singend von Zimmer zu Zimmer, wecken ihre Eltern und Geschwister und verteilen Weihnachtsplätzchen. Im Bayrischen Wald und in Osteuropa kennt man auch die dunkle Seite und spricht von der Luz als hexenartiger Nachtgestalt. Der Festtag der Lucia war im Mittelalter in einigen Gegenden Kinderbeschenktag für Mädchen, während Nikolaus die Geschenke für die Buben brachte.

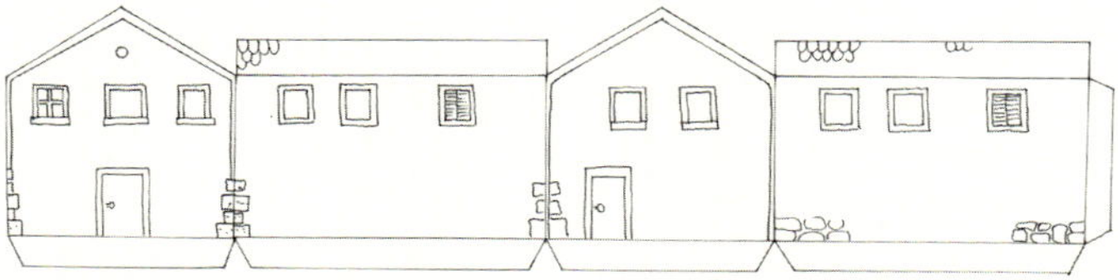

Lichterhäuschen zum Ausmalen und Ausschneiden (im Originalformat zum Downloaden auf www.pro-christkind.at).

Lichterhäuschen

In den längsten Nächten des Jahres tut viel Licht wohl. Basteln Sie mit Ihren Kindern Lichterhäuschen und lassen Sie sie einen Fluss hinuntertreiben oder stellen Sie sie ans Fenster. Das wird dazu benötigt:

Fester Karton, flüssiger Klebstoff, Klebeband, ein Holzbrettchen, Transparentpapier, Buntstifte

Zuerst zeichnet man – je nach Lust und Laune mit runden oder eckigen Giebeln – eine Hauswand viermal aneinander. An den unteren und einer Seitenkante muss eine mindestens 2 cm breite Klebekante angefügt werden. Nun wird das Haus ausgeschnitten, ebenso Fenster und Türen, die auf der Rückseite mit Transparentpapier beklebt werden. Die Hausseiten können bemalt werden, wie es einem am besten gefällt. Jetzt ist das Lichterhaus schon fast fertig! Nur noch alle Kanten knicken, zusammenkleben und mit etwas Klebstoff auf dem Holzbrett befestigen. Mit einer Kerze oder einem Teelicht in der Mitte des Häuschens wird ein wunderbares Lichterhäuschen daraus.

Lucienweizen

Ein anderer Brauch ist es, Weizenkörner auf einen flachen Teller zu streuen, mit Wasser zu begießen und an einem geschützten Ort warm zu stellen. Ist zu Weihnachten die Saat aufgegangen und bildet sie einen dichten grünen Busch, sieht man in ihm einen Hinweis auf das „Licht der Welt“, eben Christus, und stellt eine Kerze auf diesen Teller.

Kinder säen Lucienweizen.

Mosaik aus dem 6. Jahrhundert in der Basilika di S. Apollinare in Ravenna, das Lucia zeigt.
Foto: Archivio Comune di Ravenna

Lucia erleben:

- In vielen Orten Süddeutschlands werden am Abend von St. Lucia selbst gebastelte **Lichterhäuschen** auf das Wasser gesetzt, um Hochwasser zu verhindern.
- In den steirischen Bezirken Fürstenfeld, Hartberg und Weiz bringt die **Pudlmutter** den Kindern in ihrer Schürze Kletzen und Nüsse.
- Im burgenländischen Unterwart gehen weiß gekleidete Kinder, **Luzeln** genannt, von Haus zu Haus und wünschen Gutes.
- In einzelnen Wiener Schulen, Pfarren (z. B. Krim, Wien XIX.) und Kindergärten (z. B. Neu-Ottakring, Wien XVI.) werden **Luzienfeste** veranstaltet, bei denen das Lichtsymbol eine tragende Rolle spielt.
- In stimmungsvolles Licht getaucht ist das kleine **Kirchlein St. Luzia** in Lafot bei Margreid im Südtiroler Unterland. Gegen Abend kommen viele heimische Pilger, die dann nach vollbrachter Andacht in den Weinkellern Kirchtag feiern.
- In Teilen Schwabens, Vorarlbergs, der Schweiz und Norditaliens werden am Lucientag (statt am Nikolaustag) Geschenke an die Kinder verteilt, darunter „**Lucienräder**" und „**Lucienpfeifen**" und süße Germschnecken mit Rosinen.
- Weitere auf www.pro-christkind.at

Christkindlwerkstatt – weihnachtliche Basteleien mit Kindern

Auch beim Basteln von Christbaumschmuck und ähnlichem kommt man wunderbar in Weihnachtsstimmung.

Christkind-Sterne aus Salzteig

Salzteig ist eine günstige und einfach zu bereitende Modelliermasse, mit der sich viele nette Ideen verwirklichen lassen. Wir brauchen:

Je 1/4 l Mehl, Salz und Wasser, Nudelwalker, Christkind-Stern-Ausstecher (erhältlich auf www.pro-christkind.at), Acrylfarben und Klarlack, Faden und Band

Alle Zutaten in einer Schüssel gut durchmischen und ca. 7 Minuten fest durchkneten. Dann erhält man eine feste, nicht klebende Masse, die man mit dem Nudelwalker ausrollt. Daraus sticht man mit dem Christkind-Stern-Ausstecher Sterne aus und macht oben mit einem Zahnstocher das Loch zum Aufhängen rein. Dann werden die Sterne auf ein Backblech gelegt und im gut vorgeheizten Backrohr bei 150 °C 2 Stunden gebacken. Nach dem Auskühlen bemalt man die Christkind-Sterne mit Acrylfarben, lässt sie trocknen und versiegelt sie anschließend mit Acryllack. Nach dem Trocknen des Lacks schließlich noch den Faden oder die Schleife durch das Loch fädeln und verknoten. Fertig sind die Christkind-Sterne aus Salzteig.

Christkind-Strohsterne

Strohsterne kinderleicht.

Christkind-Strohsterne sind einfach und relativ rasch gemacht und eignen sich für den Christbaum als auch als Wohnungsdekoration im Advent. Für Kinder ist es leichter, wenn man die vorher gebügelten Halme aufeinanderklebt. Wir brauchen:

Stroh, Schere, Kleber, Faden, Bügeleisen

Die Strohhalme werden längs durchgeschnitten und mit wenig Hitze vorsichtig gebügelt. Dann klebt man die Streifen kreuzförmig übereinander, wobei die Enden rechts deutlich länger sein sollten. Wenn der Kleber getrocknet ist, bringt man die Enden genau auf Länge und kann auch Zacken in die Enden schneiden. Schließlich wickelt man um die Mitte einen Faden um die Halme, sodass der Faden einmal unten und einmal oben führt. Die Enden dienen zum Aufhängen.

Christbäume

Karton, Farben, Schnur, Holzperlen

Sterne in unterschiedlichen Größen von www.pro-christkind.at downloaden, ausschneiden und anmalen. Dann in eine Schnur einen Knoten machen und abwechselnd eine Holzperle und einen Stern auffädeln, wobei man mit dem größten Stern beginnt und die Sterne dann immer kleiner werden. Oben dann eine Schlaufe zum Aufhängen am Baum vorsehen.

✪ Christbaum-Ketten

Aus Buntpapier, Metallfolie oder Holzspan schneidet man ca. 10 cm lange und 1/2 cm breite Streifen, die man zu einem Ring zusammenklebt. Dann den nächsten Streifen durch den Ring führen und ebenfalls zusammenkleben usw.

Christbaumkette.

> Wenn Sie selbst nicht so geschickt sind, um mit Ihren Kindern zu basteln, gibt es im Advent sicher auch in Ihrer Nähe eine Gelegenheit, wo mit Kindern gebastelt wird.

Basteln unter Anleitung:

- ★ Beim **Bad Gleichenberger Advent** stehen die Kinder im Mittelpunkt. In der Bastelstube können sie Gestecke oder Weihnachtsbillets basteln, Kekse backen und Kerzen ziehen.
- ★ Beim **Wiener Adventzauber** beim Christkindmarkt am Rathausplatz gibt es eine Christkindlwerkstatt für Kinder.
- ★ Das **„Salzburg Museum“** bietet Bastelkurse für Kinder und Erwachsene, in denen historischer Christbaumschmuck nachgemacht werden kann.
- ★ Bei der **Schmiedeweihnacht** in der historischen Steyrer Altstadt können Kinder das Schmieden am offenen Feuer probieren.
- ★ Beim Advent in der **Glasstadt Rattenberg** können die Kinder u. a. Glaskugeln blasen. Der Sternenpfad bietet ein spezielles Kinderprogramm.
- ★ Weitere auf www.pro-christkind.at

Kerzen selbst gemacht – Lichter für die Weihnachtszeit

Selbst gemachte Kerzen sind stimmungsvolle Dekoration und ein schönes Weihnachtsgeschenk.

Kerzen mit Wachsplatten verzieren

neutrale Kerzen, Wachsplatten, Messer, Zündholz

Wachs gibt es dünn ausgerollt in vielen verschiedenen Farben im Bastelladen zu kaufen. Aus diesen Folien schneidet man verschiedene Formen aus und klebt sie auf eine neutrale Kerze. Beliebte Motive zur Weihnachtszeit sind z. B. Sterne. Eine warme Hand reicht schon, damit das Verzierwachs gut auf dem Untergrund haftet. Man kann auch mit einem Zündholz den Ansatz an der Kerze etwas verstreichen, damit das Wachs noch besser haftet. Damit das Wachs nicht am Tisch abfärbt oder kleben bleibt, ist es ratsam, die Wachsplatten auf Pergamentpapier zu legen.

Weitere Techniken:
Bienenwachskerzen drehen, Kerzen gießen, Verzieren mit dem Kerzen-Pen (Flüssigwachs auf Wasserbasis), Besprühen mit Glitterspray

Mit Wachs beklebte Kerzen sind eine schöne Weihnachtsdekoration und auch schöne Geschenke.

Keksebacken – süße Weihnachtsfreuden

Kneten, naschen, ausstechen, der Duft der Kekse ... und dass sich die Erwachsenen dafür Zeit genommen haben, ist und bleibt eine der schönsten Kindheitserinnerungen.

Zu Weihnachten werden traditionell vor allem in Familien Kekse gebacken bzw. Plätzchen oder Guetzli, wie sie in Deutschland oder der Schweiz heißen. Neben dem Ausrollen und Ausstechen von Mürbteig gibt es noch einige andere Herstellungsarten. Springerle und Spekulatius werden ausgemodelt, d. h. mit einer Model seitlich und an der Oberfläche in Form gebracht. Andere Kekssorten werden von Hand geformt, wie Vanillekipferl, Brezeln, Ringe oder Bethmännchen. Einige Gebäckssorten werden auch gespritzt, wie die Kokosbusserl. Häufig werden Kekse nach einer wichtigen Zutat benannt: Anisplätzchen, Zimtsterne, Kokosmakronen. Zu den schweizerischen Weihnachtsguetzli zählen nebst Zimtsternen und Anisplätzchen (genannt Chräbeli) auch Mailänderli und Brunsli.

Nachfolgend je ein typisches Rezept aus Deutschland, Österreich und der Schweiz:

Christkind-Fansackerl mit Keksausstecher in Form des Christkind-Sternes.
Foto: Tschaikner

Bethmännchen sind eine Spezialität aus Frankfurt am Main.
Foto: Maroz Mra

Bethmännchen, eine typisches Plätzchen aus Frankfurt

200 g zum Backen geeignetes Marzipan, je 80 g Staubzucker und geriebene Mandeln, 2 EL Mehl, 1 Ei, 1 EL Orangenlikör, 40 geschälte und halbierte Mandeln, 4 EL Milch

Marzipan grob zerbröseln und den Staubzucker sieben. Mit geriebenen Mandeln, Mehl, Eiweiß und Likör verkneten. Kleine Kugeln formen und auf ein Blech mit Backpapier legen. An jedes Bethmännchen werden rundum 3 Mandelhälften gedrückt. Dann werden sie mit einer Mischung aus Dotter und Milch bestrichen und im Backofen bei 175 °C ca. 15 Minuten gebacken.

Basler Brunsli, original Schweizer Guetzli

200 g geriebene Schokolade, je 250 g Zucker und fein gehackte oder geriebene ungeschälte Mandeln, 3 Eiweiß, 2 EL Erdäpfelmehl, 2 Msp. Zimt, 1 Msp. Nelkenpulver

Eiweiß zu Schnee schlagen und nach und nach mit den restlichen Zutaten zu einem Teig vermischen, den man 1-2 Stunden an einem kühlen Ort rasten lässt. Anschließend auf einem mit Zucker bestreuten Nudelbrett kurz kneten und in 4 Stücke teilen. Die Stücke auf Zucker auf 1/2 cm Dicke auswalken und Brunsli ausstechen. Auf ein Backblech mit Backpapier geben und mit Zucker bestreuen. Idealerweise mehrere Stunden trocknen lassen. Dann bei niedriger Hitze im Backrohr trocknen. Bei zu hoher Temperatur verlaufen die ausgestochenen Teigstücke.

Busserl, typisch österreichisch

2 Eier, 3 Dotter, 150 g Zucker, 1/2 TL Natron, 300 g Mehl, 5 EL flüssiger Honig, je 1/2 TL Zimt und Nelken in Pulverform, Fett für das Blech

Eier, Dotter und Zucker cremig schlagen. Natron gut mit dem Mehl mischen und unter ständigem Schlagen langsam in die Creme einrieseln lassen. Den Honig einrühren. Zuletzt die Gewürze zugeben und gut vermischen. Den Teig in Klarsichtfolie einige Tage im Kühlschrank oder an einem kühlen Ort ruhen lassen. Dann ausrollen und Keks ausstechen. Auf ein gefettetes Blech legen und nochmals ein paar Stunden rasten lassen. Dann in gut vorgeheiztem Rohr bei 150 °C in 30 Minuten goldgelb backen.

Busserl werden mancherorts auch Küsse genannt.

Kekse backen mit Kindern

Wenn Kinder mithelfen, geht natürlich auch manchmal etwas daneben und es dauert vor allem länger. Die leuchtenden Kinderaugen machen das aber tausendmal wett. Man sollte darauf achten, dass das ausgewählte Rezept kurz ist und vor allem keiner langen Vorbereitungszeit bedarf. Die Geduld beim Zuschauen hat ihre Grenzen. Wenn die Kinder beim Rühren oder Mixen Hand anlegen dürfen, verkürzt das die Wartezeit. Wichtig ist, dass es viele Möglichkeiten für Handarbeit gibt: Kneten, Umrühren, Ausrollen, Ausstechen, Kugeln formen, ... Da macht es dann auch nichts, wenn man die Kinder schlafen oder spielen schickt, wenn das Blech ins heiße Rohr geschoben wird oder es z. B. ans heikle Glasieren geht. Am besten sind die Kinder natürlich beim Naschen. Das

Kinder beim Keksebacken beim Bad Gleichenberger Advent.
Foto: Bad Gleichenberg

darf auch sein, wobei man drauf achten sollte, dass sie nicht zu viel rohen Teig und vor allem rohe Eier zu sich nehmen.

Anschließend ist es unvermeidbar, die Kekse auch gemeinsam zu verkosten. Den Rest räumt man aber besser weg, damit am Heiligen Abend noch Kekse übrig sind.

Gibt es eine besondere Keksausstecher-Form, die Sie sich wünschen? Sind Sie schon länger auf der Suche nach einer schönen Form, die Urgroßmutter hatte und die Sie nicht mehr bekommen? Sind Sie auf der Suche nach einem besonderen Geschenk? Auf www.ausstecher-manufaktur.com erhalten Sie Keksausstecher ganz nach Wunsch. Sie müssen nur eine Skizze hinschicken.

Wie schön ist es doch, viele Sorten Kekse zu haben, aber es bedeutet viel Arbeit. Teilen Sie sich die Arbeit mit anderen Familien. Jede Familie bäckt einige wenige Sorten und die Sorten werden dann untereinander ausgetauscht.

Auf www.pro-christkind.at erhalten Sie als Teil des Christkind-Fan-Sackerls einen Ausstecher in der markanten Form des aufsteigenden Weihnachtssternes, um ganz besonderes Gebäck, eben Christkindlebkuchen oder -keks, zu backen.

Keksformen ganz nach Wunsch bietet www.ausstecher-manufaktur.com. Foto: Degenhardt

Lebkuchen – das uralte Honiggebäck

Lebkuchen ist eine der ältesten und bekanntesten Weihnachtsgebäck-Sorten.

Schon die Ägypter und Römer kannten etwas Ähnliches wie Lebkuchen. Erste schriftliche Hinweise auf kleine Honigkuchen datieren auf 350 nach Christus. Damals wurde der Lebkuchen nicht nur zu Weihnachten genossen. Er war Teil der Fastenküche und wurde zu starkem Bier verzehrt. Ob er dadurch in die Weihnachtszeit Eingang gefunden hat, dass der Advent ursprünglich auch eine Fastenzeit war? Der Lebkuchen, den wir heute kennen, wurde im belgischen Diant erfunden, von den Aachenern übernommen und abgewandelt (Aachener Printen). Ganz allgemein haben vor allem Städte, die an wichtigen Handelsknoten liegen, eine große und alte Lebkuchentradition, weil man zur Herstellung orientalische Gewürze wie Zimt, Nelken, Anis, Kardamom, Koriander, Ingwer und Muskat benötigt. Darüberhinaus ist für den Lebkuchen der Honig charakteristisch und dass er keinen Germ enthält. In Österreich nannte man die flachen Lebkuchen „Lebzelten" und die Bäcker „Lebzelter". Wie bedeutend sie waren, zeigt, dass sie in eigenen Zünften organisiert waren.

Eine Backform für dieses ganz besondere Lebkuchenhaus gibts auf www.der-kleine-backladen.de. Foto: Degenhardt

Auf www.der-kleine-backladen.de bekommen Sie eine dickwandige Aluminium-Guss-Form, mit der Sie jedes Jahr ein ganz besonderes Lebkuchenhaus herstellen können. Das Besondere ist, dass die Form zahlreiche Details hat, die auch am Lebkuchen sichtbar werden. Auf der Homepage gibt es auch ein Rezept für den passenden Teig dazu.

Wer nicht selbst Lebkuchen herstellen möchte, für den bietet Pirker Lebkuchen auf www.pirker-lebkuchen.at besten fertigen Teig, einen Bausatz für Lebkuchenhäuser und allerlei andere adventliche und weihnachtliche Besonderheiten aus Lebkuchen.

Erlebnis rund um das Honiggebäck:

- In Freinberg bei Passau gibt es im Landgut Faberhof eine **Lebkuchenhäuser-Ausstellung**, bei der man mit etwas Glück auch dem Baumeister beim Knusperhausbauen über die Schulter schauen kann.
- An den vier Adventwochenenden werden bei Pirker in Mariazell stündlich **Führungen durch die Schaubackstube** und Lebkuchenausstellung angeboten, die anschaulich die Produktionsschritte vom Honiglebkuchen zeigen. Ein eigenes Lebkuchen-Museum zeigt den Mariazeller Hauptplatz oder Szenen aus dem Märchen „Hänsel und Gretel“ in liebvollen Lebkuchen-Miniaturen. Alte Model und Geräte beweisen die Tradition des Betriebes.
- Versäumen Sie auch nicht, das **fünf Meter hohe begehbare Lebkuchenhaus in Mariazell** zu besuchen: eine süße Attraktion aus 3.000 Lebkuchenziegeln, in dem sich das Engerlpostamt befindet (→ Schenken).

Miniatur-Mariazell im Lebkuchenmuseum von Pirker Lebkuchen in Mariazell. Foto: Mariazeller Land

- Einige **bekannte Lebkuchen:** Nürnberger Lebkuchen, Aachener Printen, Basler Leckerli, Arzberger Lebkuchen, Bentheimer Moppen, Pulsnitzer Pfefferkuchen, Lebkuchen aus dem französischen Dijon, Lebkuchen aus dem dänischen Christiansfeld, Thorner Kathrinchen aus dem seit 1919 polnischen Torun, Pirker Lebkuchen aus Mariazell, Lubinger Lebkuchen aus Freistadt, Rattenberger Adventlebkuchen, Kastner Lebkuchen aus Bad Leonfelden, Lebzelten von Schmid aus Maissau
- Weitere auf www.pro-christkind.at

Christstollen – Symbol fürs gewickelte Christkind

Der Inbegriff des Weihnachtsgebäcks ist der längliche Christstollen.

Er ist ein sogenanntes „Gebildbrot", das das Christkind darstellt. Der Staubzucker symbolisiert die weißen Windeln. Der Christstollen darf also ruhig dick mit Zucker bestreut werden. Das Christkind, das er wärmt, und auch alle Kinder, die den Stollen vernaschen dürfen, wird's freuen. Angeblich sind es auch keine echten Windeln gewesen, in die das Christkind gewickelt war, sondern zur Windel umfunktionierte Teile von Josefis Hosen. Deshalb wird er vielfach beim Ausziehen der Hose abgebildet. Josefs entblößte Beine wirken auf den

Das Sterzinger Weihnachtsbild zeigt, wie Josef seine Beinkleider auszieht, um daraus Windeln für das Christkind zu machen.
Foto: Multscher Stadt Museum Sterzing

ersten Blick deplatziert. Sie spiegeln aber den Kerngedanken des Weihnachtsgeschehens wider, dass Gott Mensch geworden ist und dass man ihm in seiner Not auf sehr menschliche Art helfen musste.

Aus den Zutaten der unzähligen Stollenrezepte kann man lesen, ob sie in guten oder schlechten Jahren entstanden sind, in armen Häusern oder reichen Klöstern gebacken wurden.

Backen Sie mit Ihren Kindern gemeinsam einen Christstollen und erzählen Sie ihnen dabei, was der Stollen darstellt und wie das Christkind zu seinen Windeln kam. Die Kinder dürfen zur Abwechslung einmal ganz dick Staubzucker über den Stollen sieben, damit dem „Christkind" nicht kalt wird. So wird der Christstollen etwas ganz Besonderes.

Optimale Backformen zum besten Gelingen Ihres Christstollens finden Sie z. B. auf www.der-kleine-backladen.de.

Vielleicht machen Sie auch in Ihrer Nähe eine Abbildung der Heiligen Familie ausfindig, die Josef beim Ausziehen seiner Hosen zeigt.

Christstollen

Rezept von Haubenkoch Peter Mitterer
(Villa Blanca, Innsbruck)

400 g Mehl, 15 g Germ (= Hefe), 100 ml Milch, 40 g Zucker, 160 g Butter, 1 TL Vanillinzucker, 1 Prise Salz, geriebene Schale von 1/2 unbehandelten Zitrone, 1 Ei, Ingwerpulver, Kardamom, 40 g gehacktes Zitronat, 40 g gehacktes Orangeat, 150 g Rosinen, 30 ml Rum, 60 g Mandelsplitter, 50 g Butter zum Bestreichen, 100 g Staubzucker zum Bestreuen, Mehl für die Arbeitsfläche, Fett für das Backblech

Das Mehl in eine Schüssel geben. In die Mitte eine Mulde drücken und den zerbröckelten Germ darin mit vier Esslöffeln lauwarmer Milch, zwei Teelöffeln Zucker und etwas Mehl auflösen. Diesen Vorteig zugedeckt bei Zimmertemperatur 15 Minuten ruhen lassen, bis er sichtbar aufgegangen ist. Inzwischen die Butter in der übrigen Milch zerlaufen lassen. Den Vorteig mit dem gesamten Mehl verrühren und dann die Milch-Butter-Mischung, den restlichen Zucker, Vanillinzucker, Salz, abgeriebene Zitronenschale und das Ei hinzufügen. Alle Zutaten nun etwa 10 Minuten lang kneten, bis der Teig Blasen wirft. Den Teig nun gehen lassen, bis sich sein Volumen verdoppelt hat. Zitronat, Orangeat und Rosinen mit dem Rum vermischt ziehen lassen, bis der Teig aufgegangen ist. Die Arbeitsfläche mit Mehl bestäuben und den Teig darauf einige Male kräftig durchkneten. Die Zitronatmischung und Mandelstückchen drüberstreuen und schnell unterkneten. Nun den Teig bei Zimmertemperatur weitere 20 Minuten gehen lassen, bevor er dann zu einer langen Rolle geformt wird. Diese Rolle wird nun mit einem Nudelholz so ausgerollt, dass außen zwei dicke Wülste entstehen, während sie innen nur noch etwa 2 Finger dick ist. Der eine Wulst wird nun halb über den anderen geklappt und leicht angedrückt. Nun legt man den Stollen auf ein gefettetes Backblech und lässt ihn dort 30 Minuten ruhen, bevor er bei 180 °C (Umluft 160 °C, Gas Stufe 3) etwa 40-50 Minuten gebacken wird. Nun die Butter zerlassen und den heißen Stollen damit bestreichen. Zuletzt den Staubzucker darübersieben.

Weihnachtskarte – Weihnachtsfreude mit ein paar Zeilen

Sich die Mühe zu machen, eine persönliche Weihnachtskarte auszusuchen und zu schreiben, ist eine schöne Form, ein gesegnetes Weihnachtsfest zu wünschen.

Sir Henry Cole beauftragte im Dezember 1843 den Illustrator John Callcott Horsley mit der Gestaltung der ersten Weihnachtskarte mit dem Text „Merry Christmas and a Happy New Year to You". Sie zeigte ein Familienfest und war mit Zweigen und Reben umrahmt, die Fröhlichkeit und Wohltätigkeit vermitteln sollten. Bei einer Auktion im Dezember 2005 wechselte eine davon um 9000 Pfund den Besitzer. Die Einführung der Briefmarke in Großbritannien machte 1840 das Versenden von Weihnachtskarten populär. In Deutschland und Österreich kamen sie erst nach dem Ersten Weltkrieg in Mode.

Postamt Christkindl im Wallfahrtsort Christkindl in Steyr. Foto: TVB Steyr

Denken Sie mal mit Ihren Kindern nach, wem Sie mit einer Weihnachtskarte eine Freude machen könnten.

Gestalten Sie mit Ihren Kindern selbst Weihnachtskarten, die das Christkind oder eine Krippe zeigen, und schicken Sie auch eine an Verein Pro Christkind, Mentlgasse 5, 6020 Innbruck. Die schönsten werden auf der Website www.pro-christkind.at veröffentlicht.

Wenn Sie Ihre Weihnachtskarte mit einer Weihnachtsbriefmarke über das Postamt A-4411 Christkindl in Steyr schicken, dann wird die Briefmarke mit dem Sonderstempel versehen. Er zeigt bis 26. Dezember ein weihnachtliches Motiv und dann bis Dreikönig die Weisen aus dem Morgenland.

Wer viele Weihnachtskarten verschickt, wird auch selbst einige bekommen. Diese können mit Stecknadeln auf ein langes Samtband gesteckt werden, das an einem Türstock hängt.

Pro-Christkind hat eine besondere Weihnachtskarte aufgelegt. Sie zeigt den Stern fürs Christkind im Nordpark hoch oberhalb von Innsbruck, der jedes Jahr mit 1000 Fackeln entzündet wird. Die Karte soll anregen, wieder mal an Menschen zu denken, für die man schon länger nicht mehr Zeit gehabt hat, und diese z. B. einzuladen, gemeinsam eine von vielen, vielen besinnlichen Advent- und Weihnachtsveranstaltungen zu besuchen, die Sie im Veranstaltungskalender auf www.pro-christkind.at finden. Zwei dieser Karten sind im Christkind-Fan-Sackerl enthalten, in dem sich u. a. auch der Christkind-Stern-Ausstecher (→ Keksebacken) findet.

Christkind-Karten selbst gemacht

Spritz-Christkind-Stern-Karte: Umrisse eines Christkind-Stern-Ausstechers oder andere Keksform auf Papier übertragen. Die Form ausschneiden, auf ein Stück Papier legen, das etwas kleiner ist als die Karte, und mit Stecknadeln grob befestigen. Dann werden mit einer alten Zahnbürste nicht allzu wässrige Wasserfarben durch ein Sieb gebürstet. Wenn der Stern getrocknet ist, kann man ihn verschieben und noch einmal spritzen. Wenn alles trocken ist, Papier auf die Karte kleben.

Wachsbatik-Karte: Mit unterschiedlichen Ölkreiden wird ein Stück Pergamentpapier, das etwas kleiner ist als die Karte, vollflächig ausgemalt. Dann wird das Papier so gefaltet, dass die bemalten Flächen aufeinander zum Liegen kommen. Das Papier wird zwischen Zeitungen gelegt und gebügelt, damit die Farben verlaufen. Rasch wieder entfalten, damit die Farben nicht aufeinander kleben. Trocknen lassen und auf eine Karte kleben. Alternativ kann man auch aus dem Papier eine Form ausschneiden, z. B. den Christkind-Stern.

Tropf-Christkind-Karte: Man tropft einige Tropfen Wachs auf ein Stück Papier, das etwas kleiner ist als die Karte. Dann übermalt man das Wachs mit heller Farbe. Ist die Farbe getrocknet, tropft man wieder Wachs und übermalt wieder alles mit einer etwas dunkleren Farbe usw. Man kann auch eine Form, z. B. den Christkind-Stern, zu tropfen versuchen. Zum Schluss wird das Wachs bei niedrigerer Temperatur mit dem Bügeleisen komplett ausgebügelt, wobei unter und über die Karte Zeitungspapier gelegt wird, die das Wachs aufsaugt. Das Werk auf die Karte kleben.

Adventsingen – Weihnachten fürs Ohr

Stimmung wird auch übers Ohr angestoßen. Beim feierlichen Adventsingen fühlt man sich mitunter schon wie unterm Weihnachtsbaum.

Adventsingen gehen wie Krippen-, Hirten- und Weihnachtsspiele, Herbergssuche und Frauentragen auf spätmittelalterliches bzw. barockes religiöses Theater zurück, aus dem sie sich herausgelöst und als Brauchtum verselbständigt haben. Im 16. und 17. Jahrhundert waren Weihnachtsspiele besonders beliebt. Um sie möglichst lebendig zu machen, wurden zahlreiche Weihnachtslieder geschrieben.

Adventsingen erfreuen sich heute größter Beliebtheit. Dabei wird meist nicht nur gesungen, sondern auch musiziert. Es wird auch vorgelesen und es werden Bräuche zum Besten gegeben. Manchmal haben die Adventsingen ein Motto. Meist sind sie aber ein buntes Potpourri an weihnachtlichen Darbietungen. Man lernt also in Kürze die ganze Bandbreite weihnachtlicher Volkskultur kennen.

Erkundigen wir uns, ob es in unserer Nähe ein Adventsingen gibt. Vielleicht wirkt sogar jemand mit, den wir kennen.

Singen und musizieren Sie gerne? Dann versuchen Sie doch selbst einmal ein kleines Adventsingen auf die Beine zu stellen. Und sei es nur in der Familie. (→ Advent- und Weihnachtslieder)

Adventsingen in der Barockkirche St. Michael in Steyr.
Foto: TVB Steyr/R. Hochhauser

Adventsingen und -konzerte:

- Am 3. Adventwochenende findet das **Wachauer Adventsingen** in der Dominikanerkirche Krems statt.
- Jeden Adventsamstag stimmen beim **Steyrer Adventsingen** in der Barockkirche St. Michael Ensembles aus der Region auf Weihnachten ein.

- Beim **Mariazeller Advent** sind alle im Heimathaus eingeladen, einen Adventnachmittag gemeinsam Weihnachtslieder zu singen und Weihnachtsgeschichten selber vorzutragen. In den Gaststätten wird gemeinsam gesungen und musiziert. Die musikalischen Adventstunden in der Basilika werden von heimischen Musikkapellen und Chören gestaltet.
- Jeden Tag im Advent findet am Stadtplatz das **Steyrer Adventblasen** statt.
- In der Stadt Salzburg zählen die 17 **Adventsingen im Großen Festspielhaus** zu den Hauptattrakionen in der Weihnachtszeit.
- Im Romanischen Keller am Waagplatz lädt das Salzburger Volksliedwerk täglich zum **gemeinsamen Adventsingen**. Man kann unter hunderten Liedern seines finden und lernen.
- Die **Grazer Adventkonzerte** finden in verschiedenen Pfarrkirchen statt. Die erste war im Ersten Weltkrieg die St.-Antonius-Kirche nahe dem Volkskundemuseum, das Initiator Viktor von Geramb damals leitete.
- Das traditionelle **„Tiroler Adventsingen"** im Congress geht neuerdings auch in die Bezirke.
- Im Tiroler **Walchsee** gibt es in der Pfarrkirche ein „Adventsingen" mit langer Tradition.
- Auch in **Alpbach** gibt es ein bereits traditionelles Adventsingen.
- In Thusis (Graubünden) singen Schüler seit ewigen Zeiten am 4. Adventsonntag sowie am 25. und 31. Dezember **vor den Häusern Weihnachtslieder**. Die Zuhörer werfen in brennendes Seidenpapier gewickelte Münzen aus den Fenstern, was reizend aussieht und erleichtert, die Münzen zu finden.
- Weitere auf www.pro-christkind.at

Advent- und Weihnachtslieder – Wo man singt, da …

Singen gehört einfach zur Advent- und Weihnachtszeit.

Deshalb haben wir Ihnen hier gemeinsam mit dem Steirischen Volksliedwerk einige Lieder zusammengestellt, die Sie am Adventkranz singen oder für Weihnachten einstudieren können. Viele der Lieder findet man in Liederbüchern wie „Komm sing mit“, oder dem „Steirischen Liederbuch“, die viele in der Volksschule bekommen haben, und auch in den Publikationen des Steirischen Volksliedwerkes. Die Bekannteren stehen jeweils am Beginn.

Adventlieder

Wir sagen euch an den lieben Advent • Is finster draußt • Maria durch ein Dornwald ging • Tauet, Himmel, den Gerechten • Das ist die stillste Zeit im Jahr • Es kommt ein Schiff, geladen • Macht hoch die Tür • O Heiland, reiß die Himmel auf • Rorate, ach tauet, ihr Himmel, herab • Und unser lieben Frauen

Kinder haben viel Freude beim Singen.

Verkündigungslieder

Der Engel des Herrn • Auf, mein Seel, fang an zu singen • Ave Maria, jungfräuliche Zier • Ave Maria klare, du lichter Morgenstern • Der Engel hat aus Gottes Macht • Maria ging übers Gebirge

Lieder zur Geburt Christi

Alle Jahre wieder • Kling, Glöckchen, klingelingeling • O du fröhliche • Stille Nacht, heilige Nacht • Es hat sich halt eröffnet • Es ist ein Ros entsprungen • In dulci jubilo • O Jubel, o Freud • Süßer die Glocken nie klingen • Der Heiland ist geboren • Es blühen die Maien • Herbei, o ihr Gläubigen • Laufet, ihr Hirten

Engellieder

Kommet, ihr Hirten, ihr Männer und Fraun • Vom Himmel hoch, da komm ich her • Als ich bei meinen Schafen wacht • Engel haben Himmelslieder

Hirtenlieder

Hiaz is der rauhe Winter då • Gehts, Buama, steht's gschwind auf zan Hüatn • Stacherl, sollst gschwind aufstehn • Wås ist dås zum Plunder bei der Nåcht• Das allerkleinste Lamm • Dort intn ban Oachlbam • Grüaß enk Gott, Hiatabuam • He, Bua, dåss di, des hoaßt gschåffa • Hirten auf, um Mitternacht • Juchesasasa! Heint nahm i koan Hålbbåtzn

Krippenlieder

Ihr Kinderlein, kommet • Kommet, wir gehen nach Bethlehem • Grünet, Felder, grünet, Wiesen

Leise rieselt der Schnee

2. In den Herzen wird 's warm,
still schweigt Kummer und Harm.
Sorge des Lebens verhallt,
freue dich: 's Christkind kommt bald.

3. Bald ist Heilige Nacht,
Chor der Engel erwacht,
hört nur, wie lieblich es schallt,
freue dich: 's Christkind kommt bald.

Der deutsche Geistliche Eduard Ebel (1839–1905) schuf dieses Lied um 1900.

Noten und Liedtext „Leise rieselt der Schnee“. Gewidmet vom Steirischen Volksliedwerk

Weihnachtslieder

Leise rieselt der Schnee • Oh Tannenbaum, wie grün sind deine Blätter • Schneeflöckchen, Weißröckchen • Am Weihnachtsbaume die Lichter brennen • Fröhliche Weihnacht überall • Morgen, Kinder, wird's was geben • Tannenbaum, du trägst ein grünen Zweig

Jodler

Andachtsjodler

Geistliche Wiegenlieder

Es wird scho glei dumpa · Still, still, still, weil's Kindlein schlafen will · Josef, lieber Josef mein · Still, oh Himmel, still, oh Erden · Da draußen auf dem Berge, da wehet der Wind · Dort oben vom Berge weht kühlender Wind · Schlaf, schlaf, holdseliges Jesulein

Musikalisch umrahmt ist das Anzünden der Kerzen am Adventkranz besonders weihnachtlich.

Das Steirische Volksliedwerk öffnet im Advent je ein „Büro für Weihnachtslieder" in Graz und Mariazell. Wer auf der Suche nach der dritten und vierten Strophe seines Lieblingsliedes ist oder die Melodie nicht mehr genau weiß, wer sich nicht mehr genau an die Geschichte erinnern kann, die Großmutter immer am Adventkranz vorgelesen hat …: Die Büros für Weihnachtslieder helfen weiter. Wer nicht die Möglichkeit hat, vor Ort vorbeizuschauen, der bekommt diese Hilfe auch über www.steirisches-volksliedwerk.at oder telefonisch über 0043 (0)316/83 80 99.

Der klingende Weihnachtskalender auf der Website www.volksliedwerk.at/weihnachtskalender stellt jeden Tag im Dezember ein neues Lied vor. Sie können es auch abhören und ausdrucken. Zusätzlich gibt es Informationen zu Herkunft, Einbindung in das weihnachtliche Brauchtum und eventuellen Varianten.

Studieren Sie schon im Advent die Lieder für den Heiligen Abend ein. Die vorangehende Liste von Liedern, die anschließend angeführten Bücher und die Büros für Weihnachtslieder helfen Ihnen dabei.

Bereiten Sie für Weihnachten Kopien mit den Texten der Lieder vor.

Ein paar Liederbücher und Lieder-CDs:

- **Weihnachtszeit in der Familie** (Buch mit CD): Weihnachtsliedernoten und -texte, Sprüche und Rätsel samt Bastelanleitung für eine Nusstrommel. Ganz hinten die CD zum Mitsingen – gespielt von Kindern für Kinder. Erhältlich beim Steirischen Volksliedwerk.
- **Weihnachtslieder selber singen ...**: Das musikalische Handbuch für den Weihnachtsfestkreis mit bekannten und weniger bekannten Liedern von Advent und Nikolo bis Dreikönig und Lichtmess. Erhältlich beim Steirischen Volksliedwerk.
- **Mariazeller Advent-Liederbuch**: Von bekannten Weihnachtsliedern bis hin zu regional bezogenen (Marien)Liedern und Jodlern, Instrumentalweisen, Rezepten, Brauchbeschreibungen und Geschichten. Erhältlich beim Steirischen Volksliedwerk.
- **„Auf, mein Seel, fang an zu singen“**: Weniger bekannte Lieder zu Advent, Verkündigung und Herbergssuche aus der Sammlung Lois Steiner. Erhältlich beim Steirischen Volksliedwerk.
- CD **„Weihnachtslieder schenken“**: Eine einzigartige Weihnachtslieder-CD zum Mitsingen und Anhören der zwölf bekanntesten Weihnachtslieder, verbunden mit einem kleinen Liedheft. Erhältlich beim Salzburger Volksliedwerk.
- Liedheft **„Ein große Freud verkünd ich euch“**: Kleine Auswahl bei Singnachmittagen gesungener Lieder, die meisten dreistimmig. Mit Akkordziffern für die instrumentale Begleitung oder Bass-Stimme. Erhältlich beim Salzburger Volksliedwerk.

Weihnachts-, Krippen- und Hirtenspiele

Die Weihnachtsgeschichte oder Teile davon nachzuspielen rückt den Anlass des Weihnachtsfestes in den Mittelpunkt und sorgt unweigerlich für Freude auf das Fest.

Die ursprünglichen Weihnachtsspiele waren wie Volkstheater mit derben Anspielungen gespickt. Es kamen darin auch Trinker, Prostituierte oder der Teufel vor. Heutige Krippen- und Hirtenspiele sind braver. Verständlich, die Spielleiter sind heute meist Chorleiter, Lehrer oder Volksschuldirektoren und die Akteure großteils Kinder. Der volksnahe Jargon, der oft zum Lachen veranlasst, wenn ihn die Kinder zum Besten geben, blieb von den alten Weihnachtsspielen. Derbe Anspielungen wurden gestrichen. Den Reiz der Spiele machen heute die schauspielerischen Leistungen der Kinder aus. Lacher gab es damals wie heute. Sie machen mit den Charme der Spiele aus.

Die bekannteste Szene ist jene von den schlafenden Hirten, die vom Engel mit der Kunde von der Geburt des Christkindes geweckt werden und erst einmal lange diskutieren, ob sie's glauben sollen oder nicht und was sie alles brauchen, wenn sie zum Stall gehen.

Kinder beim Hirtenspiel.

Hören Sie sich um, wo es in Ihrer Nähe Krippenspiele gibt. Sie werden auch oft von Schulen aufgeführt.

Versuchen Sie einmal selbst ein kleines Weihnachts-, Krippen- oder Hirtenspiel zu organisieren. Und sei es nur in der Familie.

Krippenspiele erleben:

- Das **Ischler Krippenspiel** ist das älteste religiöse Volksspiel in Oberösterreich. Man vermutet, dass es auf das 17. Jahrhundert zurückgeht. Es wurde sogar einmal für den Kaiser aufgeführt. Heute ist es alle vier Jahr zu sehen. Das nächste Mal 2011/2012.
- Das **Traismaurer Krippenspiel** hat bereits 200 Jahre Tradition.
- Am Goldenen Sonntag, dem 4. Advent, ziehen in der Dämmerung die **Luzerner Sternsinger** in einem Zug durch die Altstadt: Sternträger, Engel, Hirten, Dreikönige und die Heilige Familie. Der Gesang des Chores ist schon von Weitem zu hören. Die Hirten haben Gaben wie Wasser, Milch, Brot und Schafe mit dabei. Auf drei Plätzen wird ein Krippenspiel aufgeführt.
- Ein schönes Krippenspiel ist auch im steirischen **Laßnitz** zu sehen.
- In Innsbruck gibt es seit einigen Jahren wieder einen **Christkindleinzug**. Engel, Hirten und Schafe ziehen mit Musik, Gesang, bewegtem Schauspiel und Fanfaren in die Stadt.
- Die **Igler Bergweihnacht** ist ein traditionsreiches besinnliches Krippenspiel. Hirtenbuben und Bauern begleiten mit großen und kleinen Engeln die Heilige Familie durch das Dorf.
- Weitere auf www.pro-christkind.at

Weihnachtsstern – Weihnachten das ganze Jahr

Wer sich die Mühe macht, ihn im nächsten Jahr wieder zum Blühen zu bringen, den begleitet Weihnachten das ganze Jahr.

Den Weihnachtsstern (Euphorbia pulcherrima) machen nicht die unscheinbaren Blüten, sondern die roten, rosa, creme-farbenen oder weißen Hochblätter aus. In der Natur wird die aus Mexiko stammende Pflanze mehrere Meter hoch. Topfpflanzen werden üblicherweise Wuchshemmstoffe beigegeben. Wenn diese aufgebraucht sind, schießt die immergrüne Pflanze in die Höhe, wird kahl und meist weggeworfen.

Weihnachtsstern.
Foto: Toepferei Küsterdingen

Der Weihnachtsstern stammt zwar aus Mittelamerika. Ein beträchtlicher Teil der angebotenen Weihnachtssterne ist aber aus heimischer Produktion. Wenn Sie auf die heimische Herkunft achten, spart das nicht nur Transportwege. Der kurze Weg wirkt sich auch auf die Qualität der Pflanze aus.

Von den USA ausgehend wurde es in den letzten Jahren vor allem bei jungen Leuten sehr modern, den Weihnachtstern mit speziellen Wasserfarben, die aufgesprüht werden, meist mehrfärbig einzufärben. Es gibt die tollsten Kreationen, die anfangs gewöhnungsbedürftig sind, dann aber elegant, zugegeben etwas schrill, wirken. Lila, blau, orange und besonders apricot sind beliebte Farbtöne.

Den Weihnachtsstern wieder zum Blühen bringen

Will man den Weihnachtsstern im nächsten Jahr wieder zum Blühen bringen, schneidet man ihn nach der Blüte stark zurück und lichtet ihn bis auf wenige Triebe aus. Dann ist bis Frühlingsbeginn eine Ruhepause bei geringer Temperatur, mit wenig Gießen und ohne Dünger angesagt. Danach wird wieder bis Herbstbeginn wöchentlich gedüngt und mehr gegossen. Der Weihnachtsstern ist eine Kurztagpflanze. Sie benötigt zur Blütenbildung etwa zwei Monate bei 20 °C und nur 10 bis höchstens 12 Stunden Licht am Tag. Deshalb stülpt man ab Oktober jeden Tag 12 bis 14 Stunden einen Kübel oder Karton über die Pflanze. Achtung, schon der Schein der Straßenbeleuchtung reicht aus, um die Dunkelperiode zu unterbrechen! Nach den Dunkelperioden wieder hell und zimmerwarm halten. Anfang Dezember sollte der Weihnachtsstern dann erblühen, wobei man ihn möglichst etwas kühler stellt, damit der Flor länger andauert.

Anklöpfeln – Umzug von Haus zu Haus

Anklopfen, singen und musizieren – das Anklöpfeln trägt Weihnachtsstimmung von Haus zu Haus.

Seit Mitte des 15. Jahrhunderts ist der Brauch überliefert. Anklöpfeln (auch: Anklöckeln) gingen vor allem Kinder, Lehrlinge, aber auch arme Leute in unkenntlich machender Maskierung, die um Gaben baten. Die christliche Botschaft: „Klopft an, dann wird euch geöffnet …" wird seit der Reformationszeit betont. Mancherorts gehen heute noch Gruppen von Haus zu Haus, singen, spielen kleine Szenen und wünschen Glück und Segen. Oft besuchen die Anklöpfler heute aber nur noch Häuser, in die sie bestellt wurden. Sie erhalten dafür Lebensmittel oder auch Geld.

Wenn Sie Lust am Singen und Schauspielen haben, gehen Sie selbst für einen guten Zweck anklöpfeln.

Anklöpfeln erleben:

- ★ Im Südtiroler **Sarntal** ist das Klöckln bereits im 16. Jahrhundert nachweisbar und hat sich besonders urtümlich erhalten.
- ★ In der **Region Alpbachtal Seenland** wird in fast jedem Ort angeklöpfelt. Besondere Tradition haben Kramsach und Brandenberg.
- ★ Im Kärntner **Gegendtal** pochen die Burschen mit einem Holzscheit oder der Faust an das Haustor. Sie werden zunächst hinausgewünscht und müssen sich den Einlass mit Versen erkämpfen. Dann erhalten sie in der Küche oder Stube die Glöcklerjause.

Anklöpflergruppe im Südiroler Sarntal. Foto: TV Sarntal/R. Spögler

- ★ In **Ramsau am Dachstein** gehen Kinder und Erwachsene als Josef, Maria, Engel und Hirten verkleidet anklöckeln.
- ★ Im steirischen **Schladming** ziehen seit 1995 wieder Kinder der Tanzgruppe als Hirten von Haus zu Haus, singen, musizieren und sagen Gedichte auf.
- ★ Im Tiroler **Axams** gingen in der Zwischenkriegszeit ärmere Frauen Klöpfelsingen. 1950 ersang der Kirchenchor damit Geld für die Kirchenrenovierung. In jüngster Zeit wird der Brauch vom Männerchor wiederbelebt.
- ★ In der **Wildschönau** werden die Anklöpfler in Hirtenkleidung in den Gasthäusern freudig erwartet.
- ★ Das Klöpfelschauspiel in **Stans bei Schwaz** wird seit dem Barock immer wieder weiterentwickelt. Es wird alle zehn Jahre aufgeführt. Das nächste Mal 2013. Die Anklöpfler ziehen vermummt von Haus zu Haus und singen.
- ★ In **Oberndorf** bei Salzburg beginnt mit dem Nikolaustag das Anklöckeln. Bis um 1800 war es ein Nebenerwerb der Salzflößer. Sie gingen mit einer Drehkrippe von Haus zu Haus und sammelten Gaben für ihren Lebensunterhalt.
- ★ Im Salzburger **Ebensee** wird in der alten Tradition der Bergknappen angeklöpfelt.
- ★ Weitere auf www.pro-christkind.at

Herbergssuche – Quartiersuche von Maria und Josef

Die Herbergssuche rückt das Wesentliche an Weihnachten in den Mittelpunkt.

Die Herbergssuche hat ihren Ursprung im 16. Jahrhundert in den klösterlichen Weihnachtsvorführungen. Bei diesen stellte man in einzelnen Szenen die Geburtsgeschichte des Christkindes dar, wobei natürlich auch die Suche von Maria und Josef nach einer Unterkunft nicht fehlen durfte. Diese Szene hat sich herausgelöst und Eingang ins weihnachtliche Brauchtum gefunden. Bei der Herbergssuche gehen Maria und Josef auf der Suche nach einem Quartier von Haus zu Haus, werden aber immer wieder abgewiesen. Wer kennt nicht die Zeile aus dem bekanntesten Herbergssuche-Lied „Ei, macht mir kein Ungestüm! Da packt euch, geht woanders hin!"?

Herbergssuche-Lieder

Wer klopfet an • Jetzt fangen wir zum Singen an • Da das Gebot wird angestellt • Josef und Maria wollten gehen miteinånd • Liebster Herr Vater mein

Versuchen wir einmal, das bekannte Herbergssuche-Lied mit verteilten Rollen in der Familie aufzuführen. (→ Liedtext und -noten S. 104-105)

Überlegen wir am Adventkranz, wer heutzutage auf Herbergssuche ist.

Wer klopfet an?

Noten und Liedtext „Wer klopfet an …“. Entnommen aus: „Alpenländisches Liederbuch. Altbekannte und neuentdeckte Volkslieder“, gesammelt von Martina Natter und Thomas Nußbaumer, erschienen im Löwenzahn Verlag

3. Wer drauß noch heut?
O Lieber, komm heraus!
Sind's Bettelleut?
O öffnet uns das Haus!
Freunde, habt mit uns Erbarmen,
einen Winkel gönnt uns Armen!
Da ist nichts leer.
So weit gehn wir heut her.
Ich kann nicht mehr.
O lieber Gott und Herr!
Ei, die Bettelsprach führt ihr,
ich kenn sie schon,
geht nur von hier!

4. Was weinet ihr?
Vor Kält erstarren wir.
Wer kann dafür?
O gebt uns doch Quartier!
Überall sind wir verstoßen,
jede Tür ist uns verschlossen.
So bleibt halt drauß!
O öffnet uns das Haus!
Da wird nichts draus!
Zeigt uns ein andres Haus!
Dort geht hin zur nächsten Tür,
ich hab nicht Platz,
geht nur von mir!

5. Ihr kommt zu spät!
So heißt es überall.
Da geht nur, geht!
O Herr, nur heut einmal!
Morgen wird der Heiland kommen,
dieser liebt und lohnt die Frommen.
Geht mich nichts an!
Seht unser Elend an!
Liegt mir nichts dran!
Habt Mitleid, lieber Mann!
Schwätzt nicht viel,
lasst mich in Ruh,
da geht, ich schließ die Türe zu!

6. Geht nur gleich fort!
O Freund, wohin? Wo aus?
Zum Viehstall dort!
So gehn wir halt hinaus.
O mein Gott, nach deinem Willen
wollen wir die Armut fühlen.
Jetzt packt euch fort!
O dies sind harte Wort.
Zum Viehstall dort!
Ach wohl ein schlechter Ort.
Ei, der Ort ist gut für euch,
ihr braucht nicht mehr,
da geht nur gleich!

Das Lied, verankert im Brauchtum des Herbergsuchens und Klöpfelnachtsingens und auch ansonsten sehr beliebt, geht auf das 18. Jahrhundert zurück (Ostracher Liederhandschrift, um 1750). Veröffentlicht in August Hartmann und Hyacinth Abele: Volkslieder in Bayern, Tirol und Land Salzburg gesammelt. 1. Band: Volksthümliche Weihnachtlieder, Leipzig 1884, Nr. 78, wurde es vermutlich durch Helmuth Pommer in die österreichische Volksliedpflege übernommen.

Beim Herbergssuchen wird als Josef und Maria verkleidet von Haus zu Haus gegangen und um Obdach gebeten.

WIRT

Herbergssuche erleben:

- In **Wattens** und am **Wattenberg** in Tirol wurde ein sehenswertes Herbergssuchen wiederbelebt.
- Im Salzburger Bergbauort **Hüttschlag** wird vom Kirchenchor mit Begleitung von Bläsern, Alphörnern und weiteren Instrumenten die Herbergssuche „Wer klopfet an" aufgeführt.
- In **Kirchberg am Wechsel** sind gleich mehrere Gruppen in den Tagen vor Weihnachten auf Herbergssuche. Die Beweggründe des Initiators: „Trotz oder gerade wegen der Hektik der Tage vor dem Weihnachtsfest freuen wir uns auf diese stimmungsvollen Stunden des gemeinsamen Betens, Singens und Wanderns in den Winternächten. Es ist beglückend, wenn es uns gelingt, sowohl unsere kleinen als auch größeren Kinder, unsere jüngeren und älteren Erwachsenen dabei zu haben."
- Im Rahmen des **Rattenberger Advent** in der Region Alpbachtal Seenland gehen Schauspieler der Rattenberger Schlossbergspiele als Maria und Josef verkleidet von Tür zu Tür und werden dabei von einer großen Schar Kinder mit ihren Eltern begleitet. Die Herbergssuchenden erleben unterschiedliche aktuelle zeit- und gesellschaftskritische Abweisungsszenarien. Am Endpunkt erwartet allesamt ein wärmendes Strohlager, Tee, ... und es werden gemeinsam Weihnachtslieder gesungen.
- Im Salzburger **Wagrein** ist die Herbergssuche eine alte Tradition. Akteure sind der Verkündigungsengel, Maria und Josef, der Wirt und der Bettelmann.
- Auch **in vielen Orten in Oberösterreich und Niederösterreich** gibt es Herbergssuchen.
- Weitere auf www.pro-christkind.at

Frauentragen oder Josefitragen

Frauentragen oder Josefitragen ist ein Brauch, der neben der Freude auf Weihnachten auch die Nachbarschaft und dörfliche Gemeinschaft fördert.

Das Frauentragen entwickelte sich als eigenständiger Brauch aus der Herbergssuche. Es fehlt das spielerische Element. Josef, Maria bzw. die Wirtsleute werden durch ein Bild symbolisiert, das von Haus zu Haus getragen wird. Die „Herbergssuche des Bildes" erfolgt nach genauen Regeln. Einige Familien kommen vorab zusammen und bestimmen, wer an welchem Tag das Bild beherbergen darf. Meist entscheidet dabei das Los. Reichen die Adventtage für die am Mitmachen interessierten Familien nicht aus, werden mehrere Gruppen gebildet, in denen jeweils ein Bild die Runde macht. Das Bild wird täglich von jener Familie, die es in der Vornacht beherbergt hat, ins nächste Haus getragen. Im Haus wird das Bild aufgestellt, davor eine Kerze entzündet. Nach einer Andacht setzen sich die beiden Familien gemütlich zusammen. Dabei darf natürlich auch eine kleine Jause nicht fehlen. Eine besondere Ehre wird derjenigen Familie zuteil, die das Bild am Heiligen Abend beherbergen darf. Sie darf es dann bis Maria Lichtmess am 2. Februar oder sogar bis in den nächsten Advent behalten.

Versuchen Sie in Ihrem Umfeld ein „Frauentragen" zu initiieren und damit Freude auf Weihnachten und Gemeinschaft zu fördern.

Das Marienbild oder ein Bild der Heiligen Familie kann auch in Kindergärten, Schulen oder Altersheimen Station machen.

Frauentragen und Josefitragen erleben:

- ★ In Tirol gibt es u. a. in der **Wildschönau**, in **Sillian** oder im **Raum Landeck** ein Frauentragen.
- ★ Die ältesten Statuen, die von Haus zu Haus gehen, legen nahe, dass der Brauch in **Traunkirchen** schon seit 150 Jahren gepflegt wird.
- ★ **Im Gasteiner Tal und vereinzelt in anderen Orten des Pongaus** besitzen die Bauernhöfe noch Frauentragbilder aus dem 17. und 18. Jahrhundert.
- ★ Einst in Vergessenheit geraten, gibt es das Frauentragen im **Salzburger Adnet** mittlerweile schon wieder 50 Jahre. Jeweils am 8. Dezember gehen 20 Marienbilder auf Reise.
- ★ Im deutsch-slowenischen Kärntner **Radsberg** wurde 2007 begonnen, das Frauentragen wieder zu beleben.
- ★ **Im niederbayerischen Ast** macht die Marienstatue, die von Haus zu Haus weitergetragen wird, auch im Kindergarten St. Georg Station. Eine Mutter bringt die Statue. Im Kindergarten wird sie von Gruppe zu Gruppe weitergegeben. Die letzte trägt sie dann in die nächste Familie.
- ★ Als private Hausandacht wird das Frauentragen auch im **Südtiroler Ahrntal** gepflegt.
- ★ Auch **in vielen Orten Oberösterreichs** gibt es den Brauch des Frauentragens.
- ★ Weitere auf www.pro-christkind.at

Eines der drei Herbergssuchebilder, das in Stanz bei Landeck von Haus zu Haus getragen wird.
Foto: Tschaikner

Weihnachtszelten – das reiche Brot zur Weihnachtszeit

Ein besonderes Backwerk mit alpinem Ursprung ist der Zelten, der als Weihnachtszelten auch speziell für die Weihnachtstage gebacken wird.

Auf den Bauernhöfen wurde früher jeweils am Tag vor dem ehemaligen Thomastag, dem 21. Dezember (Thomas wird heute bei den Katholiken am 3. Juli gefeiert), Weihnachtszelten gebacken – oder Kletzenbrot, wie er auch genannt wird. Jeder Knecht und jede Magd erhielt einen Zelten. Einen großen Familienzelten genoss die Bauersfamilie selbst. Dieser wurde am Stephanstag oder spätestens zu Dreikönig angeschnitten. Mancherorts ist es üblich, am Stephanstag systematisch von Haus zu Haus zu gehen, Christbäume und Krippen anzuschauen und Kletzenbrot zu verkosten. Der Weihnachtszelten besteht aus gedörrten Birnen (Kloazen), Feigen, Zibeben, Weinbeeren, Mandeln oder Haselnusskernen, Zimt und anderen schmackhaften Zutaten. Dass das Kletzenbrot ein Weihnachtsbrot geworden ist, hat logische Gründe. Die schmackhaften und gesunden Zutaten wie Dörrobst und Nüsse gab es rund um den Hof und das nahrhafte Brot war gerade zur Winterszeit ein Geschenk für Körper und Seele.

Überlegen wir gemeinsam, wem wir ein Kletzenbrot schenken könnten, wie einst die Bauersleute ihren Mägden und Knechten.

Backen wir gemeinsam selbst ein Familien-Kletzenbrot und Kletzenbrote zum Verschenken.

Rau(ch)nächte – von der längsten Nacht bis Dreikönig

Beim Räuchern mit gesegnetem Räuchergut bitten wir um Glück für die eigenen vier Wände und die Familie. Es bringt zudem weihnachtlichen Duft in jeden Winkel.

Nacht und Dunkelheit bereiten auch heute vielen Menschen Angst. Im Volksglauben hatten böse Geister in den Raunächten vom kürzesten Tag (21. Dezember) bis zum 6. Jänner besondere Macht. Man versuchte sie – nach dem Prinzip Gleiches mit Gleichem – mit Schiach-Perchten zu vertreiben. Auch war es üblich, am Heiligen Abend Nachtwache zu halten bzw. das Licht brennen zu lassen. Mit geweihtem Rauch, den man im ganzen Haus verteilte, suchte man das Haus und seine Bewohner vor

Räuchern bringt Weihnachtsduft in jeden Raum.

Unheil zu schützen. Daraus entwickelte sich der Brauch des Räucherns. Dabei geht es nicht mehr darum, Geister und Dämonen abzuwehren, sondern das Haus und seine Bewohner zu segnen. Das Wissen um die reinigende Kraft des Rauches und die Wirkung verschiedener Kräuter verhalf dem Brauch zu neuer Beliebtheit. Geräuchert wird vor allem vor der längsten Nacht, am Heiligen Abend, zu Silvester und am Abend vor Dreikönig. Ein erwachsenes Mitglied der Familie trägt dabei das Räuchergefäß mit Holzkohleglut oder Räucherkohle, auf die gesegneter Weihrauch oder Speik (eine Baldrianart) oder andere Kräuter gestreut werden. In der Schweiz kommen Stechpalmenblätter auf die Kohle. Früher war das Räuchergefäß oft eine Pfanne, in die Glut aus dem Ofen gegeben wurde. Begleitet von der ganzen Familie wurde sie durch alle Räume des Hauses und – so vorhanden – auch die Wirtschaftsgebäude getragen und dabei gebetet.

Wie wir von Räucherstäbchen gegen Zigarettenrauch wissen, hat Rauch reinigende Kraft. Das Rauchgut enthält auch unterschiedliche Wirkstoffe. Räuchern Sie also durchaus öfter.

Wer Rauch nicht mag, aber den Duft ätherischer Öle, für den gibt es auch Räuchergefäße, bei denen das Räuchergut nicht direkt auf die Kohle kommt, sondern in einen Metallbehälter über eine Kerze.

Wer Weihrauch oder Speik nicht mag, für den gibt es eine breite Palette an Räuchergut – in Spezialgeschäften und z. B. auf www.sonnlicht.com.

Der Christbaum – Sinnbild für das Paradies

Der Christbaum ist mit 400 Jahren einer der jüngeren Weihnachtsbräuche und doch ist er am Heiligen Abend kaum noch wegzudenken.

Eigentlich ist der 25. Dezember jener Tag, an dem die Geburt des Christkindes gefeiert wird. Der 24. Dezember ist der Gedächtnistag Adams, der gemeinsam mit Eva vom Baum der Erkenntnis aß und damit die Erlösung notwendig machte. Als Symbol für die Erlösung durch die Geburt des Christkindes bzw. das Paradies hat man irgendwann begonnen, am 24. Dezember einen Paradiesbaum aufzustellen und reich mit Äpfeln und Süßigkeiten zu behängen, die die Kinder abschütteln durften. Ursprünglich wurden an Weihnachten nur Arme und Bedürftige beschenkt. Als sich das Schenken sukzessive auf Verwandte, Freunde und vor allem auch Kinder ausweitete, verlegte man die Bescherung aus Rücksicht auf den Schlafbedarf der Kinder auf den Vorabend von Weihnachten. Aus dem Paradiesbaum wurde der Christbaum, unter den die Geschenke gelegt wurden. Mitte des 18. Jahrhunderts entwickelte sich dann der Brauch, den Christbaum mit Kerzen zu schmücken. Sie symbolisieren das Licht der Welt, das uns das Christkind gebracht hat.

Der Brauch verbreitete sich, wie der Adventkranz, vom protestantischen Raum aus. Zuvor hatten die Familien ihre Zimmer mit immergrünen Zweigen dekoriert. Im Schweizer Tessin dauerte es teilweise bis heute, bis der Christbaum Eingang in die Wohnzimmer und Stuben fand. Dort war es wie in Italien üblich, im Wohnraum eine Krippe aufzustellen. Ein Baum stand nur auf einem zentralen Platz im Ort.

Christbäume von heimischen Christbaumbauern sind besonders frisch, schön und schonen auch noch die Umwelt. Foto: Dieter Nagl

Heimische Christbäume – schön, frisch und umweltschonend

Christbäume wachsen überall in Österreich in kleinstrukturierten Christbaumkulturen heran – bestimmt auch in Ihrer Nähe. Mit dem Kauf eines heimischen Christbaums helfen Sie mit, Verkehr zu reduzieren, die Luft und unseren Boden zu schonen. Außerdem bleibt die Wertschöpfung im Land. Die österreichischen Christbaumbauern erfüllen auch mit Bravour die hohen Ansprüche an Form, Farbe und Haltbarkeit der Bäume, die schließlich den Mittelpunkt der weihnachtlich geschmückten Wohnung bilden. Der Christbaumbauer selbst berät Sie, wie niemand anderer das besser könnte. Heimische Christbäume kommen außerdem frischer auf den Markt. Viele heimische Bäume behalten so bis Lichtmess ihre Nadeln. Darüber hinaus bieten einzelne Bundesländer und Christbaumbauern noch zusätzliche Vorteile und Serviceleistungen. Die Banderolen, an denen man die echten heimischen Bäume zweifelsfrei erkennt, und die Kontaktdaten finden Sie auf www.weihnachtsbaum.at.

Erklären Sie der Familie die Bedeutung des Christbaumes.

Basteln wir selbst Schmuck für den Christbaum (→ Christkindlwerkstatt).

Schmücken wir unseren Baum wie früher mit Nüssen, Äpfeln und Lebkuchen (→ Lebkuchen).

Einige heimische Christbaumbauern bieten an, den Christbaum schon im Herbst auszusuchen und zum Wunschtermin umzuschneiden.

Was Christbaum-Schmuck bedeuten könnte

- ★ **Äpfel** erinnern an den Paradiesbaum, von dem Adam und Eva gekostet haben.
- ★ **Nüsse** sind ein Symbol für das Leben. In ihnen steckt ein zukünftiger Baum.
- ★ **Kugeln** stehen für die kostbaren Gaben der Weisen aus dem Morgenland.
- ★ **Lametta** symbolisiert mit seinem Glitzern und Strahlen das Christkind.
- ★ **Strohsterne** erinnern an das Stroh der Krippe.
  usw.

Denken wir nach, was Christbaumschmuck noch bedeuten könnte.

Heiliger Abend – Geburtstagsfest für das Christkind

Baum aufputzen, Krippe aufstellen, ... – jetzt sind nur mehr die letzten und schönsten Vorbereitungen auf Christkinds Geburtstag ausständig.

Früher war der Advent eine Fastenzeit und Christkinds Geburtstag wurde nach der Christmette um Mitternacht gefeiert – oft in die Morgenstunden hinein. Als das Weihnachtsfest ein Familienfest wurde, in dem man sich gegenseitig und vor allem die Kinder beschenkte, verlegte man die Feier vor.

Kindern macht es auch viel Spaß, beim Christbaumaufputzen zu helfen und den Geburtstag des Christkindes vorzubereiten.

Der Tag vor dem Heiligen Abend

In der Pfarrgemeinschaft beginnt der Tag mit dem letzten Rorate, dem „Goldenen Rorate“, das in der Regel besonders festlich gefeiert wird.

Als Überbleibsel aus der Zeit, in der der Advent inklusive dem Heiligen Abend als Fastenzeit begangen wurde, haben sich da und dort Fastenspeisen erhalten. So z. B. die Erbsensuppe, die im niederösterreichischen Waldviertel am 24. Dezember auf viele Mittagstische kommt.

Am Nachmittag gibt es vielerorts Krippenspiele. Im Osten Österreichs findet man auch den Brauch des Christkindlsuchens, bei dem die Kinder bei einem Spaziergang durch den Wald ziehen und das Christkind suchen.

Für Kinder, die für die Christmette noch zu jung sind, gibt’s als Alternative in vielen Orten bereits am späten Nachmittag oder frühen Abend vor der Bescherung eine kindergerechte „Krippenfeier“ oder „Kindermette“. Diese wird manchmal gerne mit einer gemeinsamen Laternen- oder Fackelwanderung zur Kirche verbunden. Meist wird die Feier von einem Krippenspiel, einer Herbergssuche oder einem Kinderchor umrahmt. Da und dort wird gemeinsam ein Christbaum geschmückt und die Krippe aufgebaut, wobei das Christkind noch fehlt. Auch legt in mancher Kindermette jedes Kind einen Strohhalm in die Krippe, in die dann während der eigentlichen Christmette das Christkind gebettet wird.

Da Weihnachten erst in der Nacht gefeiert wird, überwiegen in der „Kindermette“ noch Adventlieder. Auch das Evangelium wird üblicherweise nicht vorgelesen. Die Kinder bekommen es aber häufig mit nach Hause, damit es die Eltern unterm Christbaum vorlesen können. Sinn der Feier ist die Einstimmung auf das unmittelbar bevorstehende

Geburtstagsfest, bildlich gesprochen auf den Spaziergang zur Krippe.

In einigen Gegenden ist es üblich, Weihnachten mit Kirchenglocken einzuläuten oder einzuschießen und damit die frohe Botschaft von der Geburt des Christkindes zu verkünden.

Die Bescherung

Der Heilige Abend bildet das Ende des Advents. Deshalb werden noch einmal alle Kerzen des Adventkranzes angezündet.

Entweder zündet die Familie gemeinsam die Kerzen des Christbaumes an, legt das Christkind in die Krippe und die Geschenke unter den Baum oder ein Familienmitglied übernimmt das und überrascht alle anderen. Dann ist es oft üblich, dass der- oder diejenige mit einem Glöckchen signalisiert, dass es so weit ist.

In vielen Familien wird zu Beginn die Weihnachtsgeschichte gelesen. Meist wird auch gesungen. In manchen Häusern wird auch musiziert, werden Gedichte oder andere passende Texte vorgelesen. Meistens bildet das festliche „Stille Nacht" den Abschluss (→ Advent- und Weihnachtslieder).

Dann werden die Geschenke ausgepackt, mit denen wir uns in Gedenken an den Geburtstag des Christkindes gegenseitig Freude machen. Nach dem ausgiebigen Betrachten und Ausprobieren der Geschenke sorgt ein gemeinsames Essen für festliche Stimmung, wobei z. B. in Tirol oft eine Nudelsuppe mit Würstl auf den Tisch kommt.

Nach dem gemeinsamen Essen wird dann da und dort gemeinsam geräuchert.

Gemeinsame Feier unterm Christbaum.

Versuchen wir die organisatorischen Vorbereitungen – bis auf das Aufputzen des Christbaumes und das Aufstellen der Krippe – schon am 23. Dezember abzuschließen und begehen schon den Tag vor dem Heiligen Abend in Ruhe gemeinsam.

Weniger ist mehr. Besinnen wir uns bei der Feier und beim Schenken auf die kleinen Freuden.

Warum nicht auch einmal bewusst eine Fastenspeise servieren, um an die ehemalige Fastenzeit zu erinnern?

Wenn sie gern mitmachen, können Kinder ohne weiteres bei den letzten Vorbereitungen für die Geburtstagsfeier des Christkindes – Christbaum aufputzen, Krippe aufstellen – helfen. Aber auch die Überraschung hat was Schönes. Stellen Sie das einfach einmal zur Diskussion.

Meist wird der Heilige Abend im engen Familienkreis gefeiert. Überlegen Sie gemeinsam, ob noch jemand mit Ihnen feiern und sich mitfreuen könnte.

Gemeinsames Singen und Vorlesen und anschließend ein gemeinsames Essen machen die Bescherung erst so richtig festlich.

Christmette – festlicher Abschluss des Heiligen Abends

Liturgischer Höhepunkt der Weihnachtszeit ist die Christmette.

Am traditionellen Mitternachtstermin wird heute fast nur mehr in Klöstern festgehalten. Chöre und Musikgruppen geben der Christmette einen besonders festlichen Rahmen. Vor- oder nachher gibt es oft ein feierliches Turmblasen. Anschließend ist es vielerorts üblich, auf den Friedhof zu gehen. Vor allem in der Schweiz stehen auf den Gräbern kleine Christbäume.

Besonders weihnachtlich ist es, mit Fackel oder Laterne zur Christmette zu gehen.

Besonders reizvoll ist eine Christmette in Kirchen, die etwas abseits vom Siedlungsraum liegen. Nehmen Sie sich die Zeit und spazieren Sie ein Stück mit einer Laterne oder Fackel hin. So erlebt man die Heilige Nacht besonders intensiv.

Christtag – Christkinds Geburtstag

Eigentlich ist der Christtag Christkinds Geburtstag, der wie der Heilige Abend traditionell in der engeren Familie gefeiert wird.

Das Wort Weihnachten kommt vom Mittelhochdeutschen „zu den wihen nahten" und bedeutet „zu den geweihten Nächten". Die Christen gedachten Christus zunächst nur zu Ostern. Erst später begann man nach dem Geburtstag des Christkindes zu suchen. Kaiser Konstantin machte schließlich aus dem Geburtstag des Sonnengottes (Mitraskult = Sonnenkult) den Geburtstag des Christkindes. Das wurde ihm dadurch erleichtert, dass das Christkind als das Licht der Welt gilt und

Häufig kommt beim Familienessen am Christtag eine Gans oder ein Karpfen auf den Weihnachtstisch. Foto: Jürgen Howardt

der Sonnengott als Gott des Lichtes gefeiert wurde. Zu Zeiten Kaiser Konstantins gelang es auch den Geburtsort zu finden und der Kaiser ließ dort eine Kirche bauen. Eine genaue Datierung von Christkinds Geburtstag ist bis heute nicht gelungen. Er dürfte zwischen 2 und 8 vor Christus liegen. D. h. das Christkind ist älter als viele meinen.

Wir feiern Christkinds Geburtstag, den Christtag, wie den Heiligen Abend, traditionell im Kreise der engeren Familie. Fixer Bestandteil dabei ist das Weihnachtsessen, bei dem in vielen Familien in Ostösterreich eine Weihnachtsgans oder ein Weihnachtskarpfen auf den Tisch kommt. Im alpinen Bereich sind Schweins- oder Rindsbraten das traditionelle Christtagsgericht. Außerdem findet man auch Surfleisch mit Knödeln oder Nocken oder „Bauernschmaus" auf dem Weihnachtstisch.

Feiern wir den eigentlichen Geburtstag des Christkindes ausgiebig im Kreise der Familie.

Dazu gehören auch das Anzünden der Kerzen am Weihnachtsbaum, das gemeinsame Singen, ... ein schönes gemeinsames Essen.

Stephanitag – Tag der Besuche

Weihnachten ist eine gute Gelegenheit, den Kontakt zu Verwandten, Freunden, Bekannten und Nachbarn zu pflegen. Der 26. Dezember ist traditionell der Besuchstag.

Als in der Urgemeinde in Jerusalem immer mehr Arme zu betreuen waren, ernannten die Apostel sieben Diakone. Stephanus war einer davon. Er wirkte in Jerusalem als Armenpfleger und Evangelist. Stephanus ist der erste, von dem überliefert wird, dass er wegen seines Bekenntnisses zu Jesus getötet wurde.

Der Stephanitag ist traditionell Besuchen von Verwandten, Freunden und Nachbarn gewidmet. Oft wird dabei das große Familienkletzenbrot angeschnitten und gemeinsam mit den Besuchern verkostet. In einigen Orten ist es üblich, am Stephanstag systematisch von Haus zu Haus zu gehen, um Christbäume und Krippen anzuschauen oder Kletzenbrot zu kosten. Seine Patronanz für Haustiere und vor allem Pferde hat Stephan im Wesentlichen an Leonhard verloren.

In vielen Gegenden ist es üblich, am Stephanitag von Haus zu Haus zu gehen und Krippen und Christbäume anzuschauen bzw. Kletzenbrot zu kosten.

Mancherorts gibt es am Stephanitag noch eine Pferdesegnung. Z. B. in St. Stephan in Kärnten (Bild) oder in Bad Gleichenberg. Foto: Sternig

Mancherorts werden aber zu Stephan nach wie vor beim „Stephaniritt" die Pferde bewegt und gesegnet. Außerdem kommen am Stephanstag oft alle zusammen, die beim Anklöckeln mit dabei waren, und verspeisen die Gaben, die das Singen einbrachte.

Laden Sie an Stephani jemanden ein oder überraschen Sie jemanden mit einem Besuch, sofern das in Ihrer Familie nicht ohnedies Tradition hat.

Feiern Sie auch an Stephani mit dem Besuch gemeinsam unterm Weihnachtsbaum.

Schneiden Sie mit dem Besuch das Kletzenbrot an.

Erkundigen Sie sich, in welchen Orten es möglich ist, von Stube zu Stube zu gehen, um Krippen anzuschauen.

Das Glück liegt auf dem Rücken der Pferde. Also – falls Ihre Kinder oder Sie gerne reiten – fahren Sie an Stephani zu einem Reiterhof!

Johannistag – Segnung edler Tropfen

Weihnachten ist auch eine gute Gelegenheit zu genießen. Der 27. Dezember ist der Tag, an dem ein edler Tropfen dafür gesegnet wird.

Wie Andreas lebte Johannes von der Fischerei, war ursprünglich Anhänger von Johannes dem Täufer und folgte Jesus gemeinsam mit seinem Bruder Jakobus. Johannes war jener der zwölf Apostel, den Christus besonders ins Herz geschlossen hatte. Er war sein engster Vertrauter, der ihn auch in

Segnung des „Hansweins" im weststeirischen Stainz. Foto: Nikodem

schwachen Momenten erleben durfte. Auch Johannes fühlte sich seinem Herrn besonders verbunden. Beim Abendmahl erlaubte ihm Christus, seinen Kopf auf seine Brust zu legen, und vertraute ihm schließlich am Kreuz hängend seine Mutter an. Johannes blieb beim Kreuz, nahm den Leichnam ab, war beim Begräbnis zugegen und mit Petrus zusammen der erste, der in das geöffnete Grab stieg. Auch danach war er eine tragende Säule der jungen Kirche und starb als Bischof in Kleinasien.

In den Weingegenden haben am Johannistag Weinsegnungen Tradition. Weinbauern entnehmen den neuen Fässern im Weinkeller je eine Flasche Wein und nehmen sie zur Messe mit, wo sie gesegnet wird. Der gesegnete Wein kommt anschließend wieder ins Fass. Heute ist es da und dort auch üblich, dass Weinliebhaber ein neuerworbenes Flascherl des Lieblingsweines segnen lassen, zwischen die andere Flaschen stellen und so den Segen in ihren Weinkeller tragen. Im gesegneten Wein soll die besondere Liebe von Johannes enthalten sein.

Überlegen wir uns, was besondere Liebe auszeichnet.

Besuchen wir eine Weinsegnung in unserer Lieblingsweingegend, die in allen Weinbaugegenden zu den Höhepunkten des Weinbaujahres zählt.

Falls das nicht möglich ist, gönnen wir uns in Gedenken an Johannes in angenehmer Gesellschaft ein gutes Johannes-Flascherl. Als „Kinderwein“ bietet sich ein Glaserl Johannisbeersaft an. Er hat seinen Namen allerdings nicht von Apostel Johannes, sondern von Johannes dem Täufer, rund um dessen Tag die Beeren reif werden.

Ein paar schöne Weinsegnungen:

- ★ Der Weinbauverein **Bad Gleichenberg** lädt Jahr für Jahr zur Johannisweinsegnung und anschließenden Jungweinverkostung.
- ★ Die Hansweinsegnung in der **Schlosskirche in Stainz** ist ein Höhepunkt des weststeirischen Weinjahres. Anschließend wartet eine Verkostung im sehenswerten Refektorium des Schlosses.
- ★ Eine Weinsegnung und anschließende Verkostung gibt es auch im steirischen **Gamlitz**.
- ★ In **Prellenkirchen** in Niederösterreich gibt es die Weinsegnung der Carnuntum-Winzer mit anschließender Verkostung, die von einem Sommelier begleitet wird.
- ★ Auch in **Südtirol** wird in manchen Kirchen der Johanniswein geweiht.
- ★ Weitere auf www.pro-christkind.at

Diese Weingläser von Elke Fromhold machen Lust darauf, ein Glaserl „Hanswein" ganz nach Geschmack zu genießen.

Silvester und Neujahr

Mitten in die Weihnachtszeit fällt der Jahreswechsel, weshalb man auch meist „Gesegnete Weihnachten und ein gutes neues Jahr“ in einem Zuge wünscht.

Erst Papst Innozenz XII. legte 1691 den noch heute gültigen Jahreswechsel fest. Davor wechselten die Termine.

Sylvester, dem wir am 31. Dezember gedenken, war auch Papst. Er starb 335 und gilt als Patron der Haustiere. Als Pförtner am Tor in das neue Jahr wird er oft mit einem Schlüssel dargestellt.

Der Silvestertag war ursprünglich ein Fastentag, der von der Generalreinigung von Haus und Hof geprägt war. Zum Jahreswechsel sollte alles blitzsauber sein. Davor oder danach besuchte man die letzte Messe im Kalenderjahr, die Altjahrsmesse mit Jahresrückblick und Altjahrssegen. Heute feiert man Silvester mehr und mehr öffentlich auf der Straße. Früher wurde der letzte Abend im Jahr in der Familie verbracht. Kurz vor und nach Mitternacht wurde das alte Jahr verabschiedet und das neue begrüßt – mit Böllern oder mit Glockenläuten.

Dass wir am ersten Jänner alle frei haben und ausgiebig feiern können, verdanken wir nicht dem Jahresbeginn, sondern dem Gedächtnistag Marias, der schon lange ein Feiertag ist.

Vor allem in Bayern ist es üblich, das neue Jahr einzuschießen, wie hier die Böllerschützen von Hubertus Gaimersheim.
Foto: Böllerschützen von Hubertus Gaimersheim

Wenn Ihnen der übliche Jahreswechsel auch zu laut und turbulent ist, versuchen Sie sich einmal auszuklinken und ihn ruhig in der Familie oder mit Freunden zu begehen – zu Hause oder auf einer Hütte. Ein beeindruckendes Erlebnis ist auch, sich das Treiben von oben, vom Berg anzusehen.

Räuchern Sie mit der Familie alle Ihre Räume. Die reinigende Wirkung vom Rauch (→ Rau(ch)nächte) passt gut zum Generalreinigungstag.

Silvester- und Neujahrsbräuche erleben:

- ★ In Bad Gleichenberg findet alljährlich eine **Silvester-Fackelwanderung** statt.
- ★ In Bayern und in einigen anderen Regionen ist es üblich, das neue Jahr (und da und dort auch Weihnachten) mit **Böllern** einzuschießen.
- ★ In der Schweiz gehört das **Peitschenknallen** zu vielen Anlässen. Es gilt als Symbol von Männlichkeit. Geknallt wird zum Jahreswechsel, aber z. B. auch zum Wecken des Nikolaus (→ Nikolaus).
- ★ Auch vor dem Linzer Rathaus wird am 1. Jänner geknallt. Das nennt sich „**Aperschnalzen**“. Mit dabei sind auch Prangerschützen und Turmbläser.
- ★ Der heilige **Papst Sylvester** wird heute noch im Pustertal als **Viehpatron** verehrt, in Stegen bei Bruneck wird der Tag mit einem Gottesdienst gefeiert.
- ★ In manchen Dörfern des Pustertales ziehen am Neujahrstag Gruppen von Schulkindern durch die Nachbarschaft zum **Neujahrschreien**, um den Familien ein gutes neues Jahr zu wünschen. Die Kinder werden dafür beschenkt.
- ★ Weitere auf www.pro-christkind.at

Dreikönig – die Weisen zeigen uns, wer das Christkind ist

Am Dreikönigstag feiern wir den Tag, an dem uns die drei Weisen aus dem Morgenland mit ihrer Aufwartung an der Krippe gezeigt haben, dass das Christkind mehr ist als nur ein Kind.

Matthäus erwähnt Weisen aus dem Morgenland. Die katholische Tradition bezeichnet sie als die Heiligen Drei Könige. Da die Weisen einem Stern gefolgt sind, vermuten Historiker, dass sie persische oder chaldäische Sterndeuter waren. Sie sollen dem Christkind Gold, Weihrauch und Myrrhe gebracht haben – Geschenke für Könige.

Wie in einigen anderen Ländern wird in kleinen Teilen Österreichs und in der Schweiz am Dreikönigtag ein Dreikönigskuchen aufgetischt. In diesen wird eine getrocknete Bohne, eine Mandel, eine Münze oder ein anderer kleiner Gegenstand eingebacken. Wer beim Essen auf den Glücksbringer stößt, ist für einen Tag der König der Familie.

Früher gab es im gesamten deutschsprachigen Raum den Brauch des Dreikönig-Singens. Er wurde von unterprivilegierten Menschen dafür genutzt, sich ein Zubrot zu verdienen. Sie waren als Könige verkleidet und hatten einen Stern dabei. Deshalb Sternsingen. In Österreich wurde der Brauch flächendeckend wiederbelebt, wobei für arme Menschen, meist in der Dritten Welt, gesammelt wird.

Räuchern wir noch einmal alle Räume.

Backen wir einen Dreikönigskuchen und denken gemeinsam nach, was es bedeuten könnte, für einen Tag König der Familie zu sein.

Für Menschen etwas überzuhaben, denen es nicht so gut geht, passt gut zu Weihnachten. Erkundigen Sie sich rechtzeitig, wann die Dreikönige bei Ihnen anläuten, und bereiten Sie ihnen einen netten Empfang.

Dreikönigskuchen mit Rosinen

1/2 kg Mehl, 1/4 l Milch, 50 g Margarine, 1 TL Salz, 5 TL Zucker, 1 Ei, 100 g Rosinen, 1/2 Packerl Germ, 1 schaumig geschlagener Eidotter, 1 EL Rahm, 1 getrocknete Bohne

Den Germ zerbröckeln und in ein wenig Milch auflösen. Die Milch zur geschmolzenen Margarine geben und etwas anwärmen lassen. Mehl und Salz in einer Schüssel mischen und die Margarine-Milch-Mischung, den angerührten

Dreikönigskuchen findet man vor allem auch in der Schweiz.
Foto: www.schweizerbrot.ch

Germ, den Zucker und das schaumig geschlagene Ei dazugeben. Das Ganze ca. 10 Minuten kneten, bevor die Rosinen eingearbeitet werden. Anschließend lässt man den Teig an einem warmen Ort auf die doppelte Größe aufgehen. Aus einem Viertel des Teigs formt man eine große Kugel und legt sie in die Mitte einer eingefetteten Form mit gut 20 cm Durchmesser. Aus dem restlichen Teig formt man 8 kleinere und 8 mittlere Kugeln und versteckt in einer die getrocknete Bohne. Die mittleren Kugeln rund um die große Kugel platzieren und die kleineren in die entstehenden Vertiefungen legen. Schließlich bestreicht man die Kugeln mit einer Mischung aus schaumig geschlagenem Dotter und Rahm und lässt ihn noch mal 20 Minuten gehen. Der Dreikönigskuchen wird im gut vorgeheizten Rohr bei 200 °C 40 Minuten gebacken.

Sternsingen erleben:

- ★ Beim Sternsingen in **Neustift bei Brixen** ist die Pflege der Liedtradition der Hauptzweck. Jedes zweite und gerade Jahr ziehen die männlichen Mitglieder des Kirchenchors edel gekleidet von Hof zu Hof. Den Abschuss bildet eine feierliche Vesper am Dreikönigsfest.
- ★ In **Scheibbs** ziehen am 6. Jänner die Dreikönige zur Krippe in der Stadtpfarrkirche. Es handelt sich um eine sehenswerte mechanische Krippe.
- ★ Am 5. Jänner machen als Dreikönige verkleidete Burschen in aufwändigen Kostümen den Behörden im **Lötschental in der Schweiz** ihre Aufwartung. Die Höhe der Spenden, die zur Finanzierung eines Tanzabends dienen, hängt vom Geschick des Gauklers ab, der die auf Steckenpferden durch den Raum springenden Könige anfeuert.

Die Weisen aus dem Morgenland in der lebenden Krippe im Sixenhof in Tiroler Archenkirch. Foto: Tourismusverband Achensee

- In einigen Orten von **Graubünden und dem Tessin** werden die Sternsinger von Hirten begleitet, die sie bei den Leuten anmelden. Im **Schweizer Oberhalbstein** gehören auch König Herodes und sein kriegerisches Gefolge dazu. In **Riom** dürfen Maria, die vier Evangelisten und Engel nicht fehlen.
- In vielen **Orten des Salzkammergutes** findet am 5. Jänner abends ein Glöcklerlauf statt. Ein Brauch, der in vielen Bergwerksregionen Europas zu finden ist. Ebensee und Bad Ischl haben die größten Läufe.
- Weitere auf www.pro-christkind.at

Lichtmess – Lichtmesse am Ende der Weihnachtszeit

Spätestens zu Lichtmess endet die Weihnachtszeit. Die letzten Krippen werden abgebaut, die Christbäume werden abgeräumt und Keksdosen kommen wieder auf den Dachboden.

Wir feiern Lichtmess am 2. Februar. Im Judentum galt Maria nach der Geburt erst nach 40 Tagen wieder als rein. Außerdem war ein erstgeborener Sohn bei den Juden Eigentum Gottes, wurde ihm deshalb im Tempel übergeben und anschließend mit einem Opfer wieder ausgelöst. Zu Lichtmess gedenken wir der Reinigung Marias, der Übergabe des Christkindes im Tempel und seinem ersten Besuch in Jerusalem. In der Antike ging man einem Herrscher bei seinem ersten Besuch in einer Stadt entgegen und geleitete ihn in die Stadt hinein. In Anlehnung daran entstand im 4. Jahrhundert eine Prozession, in der die Gläubigen dem Christkind entgegengehen. Hikelia, die Begründerin eines Klosters, das am Weg nach Jerusalem liegt, stattete ihre Mönche mit Kerzen aus und machte aus der Prozession die Lichterprozession, die sich vielerorts bis heute gehalten hat. Allgemein üblich ist eine Kerzensegnung, bei der alle Kerzen für die Kirche, aber auch mitgebrachte Kerzen der Messbesucher gesegnet werden. So kommt das Licht, das Symbol fürs Christkind bzw. Christus, in die Häuser.

Hören Sie sich um, ob es in Ihrer Nähe eine Lichterprozession gibt.

Überlegen Sie, welche Kerzen in Ihrem Haus Sie segnen lassen könnten.

Lichtmess erleben:

- ★ In Kärntner **Bad Eisenkappel** trägt die Jugend selbst gebastelte Kirchlein mit einer Kerze im Inneren auf Tragestöcken von der Pfarrkirche zur Brücke über die Vellach. Mit Sprüchen und der Übergabe der Kirchlein soll der Fluss besänftigt werden.
- ★ Im **Erzgebirge** wird in eigenen Lichtgottesdiensten am 2. Februar das Ende der Weihnachtszeit gefeiert.
- ★ Im **Südtiroler Enneberg** zieht die Pfarrgemeinde nach einem feierlichen Gottesdienst in einer Prozession um die Kirche. Während der Segnung der Kerzen geht die Sonne auf und das Morgenlicht fällt auf den Kirchplatz.
- ★ Weitere auf www.pro-christkind.at

Beim „Kirchleintragen" in Bad Eisenkappel versucht die Jugend mit selbst gebastelten Kirchen mit einer Kerze im Inneren den Fluss zu besänftigen. Foto: Bad Eisenkappel Tourismus